A REGRA DO DIA

TAMBÉM DE JOEL OSTEEN

Em Paz com Propósito
Esvazie a Negatividade
A Mentalidade da Abundância

A REGRA DO DIA

SEIS SEGREDOS PARA MAXIMIZAR SEU
SUCESSO E ACELERAR SEUS SONHOS

JOEL OSTEEN

Autor de *A Mentalidade da Abundância* e *O Propósito da Tranquilidade*

ALTA BOOKS
GRUPO EDITORIAL
Rio de Janeiro, 2023

A Regra do Dia

Copyright © 2023 da Starlin Alta Editora e Consultoria Ltda.
ISBN: 978-85-508-1870-2

Translated from original Rule your day : 6 keys to maximizing your success and accelerating your dreams. Copyright © 2022 by Joel Osteen. ISBN 9781546041856. This translation is published and sold by Hachette Book Group, Inc., the owner of all rights to publish and sell the same. PORTUGUESE language edition published by Starlin Alta Editora e Consultoria Ltda, Copyright © 2023 by Starlin Alta Editora e Consultoria Ltda.

Impresso no Brasil — 1ª Edição, 2023 — Edição revisada conforme o Acordo Ortográfico da Língua Portuguesa de 2009.

Dados Internacionais de Catalogação na Publicação (CIP) de acordo com ISBD

O85r   Osteen, Joel

       A Regra do Dia: Seis Segredos para Maximizar seu Sucesso e Acelerar seus Sonhos / Joel Osteen ; traduzido por Eveline Machado. - Rio de Janeiro : Alta Books, 2023.
       144 p. ; 16cm x 23cm.

       Tradução de: Rule Your Day
       Inclui índice.
       ISBN: 978-85-508-1870-2

       1. Autoajuda. 2. Sucesso. 3. Sonhos. I. Machado, Eveline. II. Título.

2022-2680   CDD 158.1
                             CDU 159.947

Elaborado por Vagner Rodolfo da Silva - CRB-8/9410

Índice para catálogo sistemático:
1. Autoajuda 158.1
2. Autoajuda 159.947

Todos os direitos estão reservados e protegidos por Lei. Nenhuma parte deste livro, sem autorização prévia por escrito da editora, poderá ser reproduzida ou transmitida. A violação dos Direitos Autorais é crime estabelecido na Lei nº 9.610/98 e com punição de acordo com o artigo 184 do Código Penal.

A editora não se responsabiliza pelo conteúdo da obra, formulada exclusivamente pelo(s) autor(es).

Marcas Registradas: Todos os termos mencionados e reconhecidos como Marca Registrada e/ou Comercial são de responsabilidade de seus proprietários. A editora informa não estar associada a nenhum produto e/ou fornecedor apresentado no livro.

Erratas e arquivos de apoio: No site da editora relatamos, com a devida correção, qualquer erro encontrado em nossos livros, bem como disponibilizamos arquivos de apoio se aplicáveis à obra em questão.

Acesse o site **www.altabooks.com.br** e procure pelo título do livro desejado para ter acesso às erratas, aos arquivos de apoio e/ou a outros conteúdos aplicáveis à obra.

Suporte Técnico: A obra é comercializada na forma em que está, sem direito a suporte técnico ou orientação pessoal/exclusiva ao leitor.

A editora não se responsabiliza pela manutenção, atualização e idioma dos sites referidos pelos autores nesta obra.

Produção Editorial
Grupo Editorial Alta Books

Diretor Editorial
Anderson Vieira
anderson.vieira@altabooks.com.br

Editor
José Ruggeri
j.ruggeri@altabooks.com.br

Gerência Comercial
Claudio Lima
claudio@altabooks.com.br

Gerência Marketing
Andréa Guatiello
andrea@altabooks.com.br

Coordenação Comercial
Thiago Biaggi

Coordenação de Eventos
Viviane Paiva
comercial@altabooks.com.br

Coordenação ADM/Finc.
Solange Souza

Coordenação Logística
Waldir Rodrigues

Gestão de Pessoas
Jairo Araújo

Direitos Autorais
Raquel Porto
rights@altabooks.com.br

Assistente da Obra
Caroline David

Produtores Editoriais
Illysabelle Trajano
Maria de Lourdes Borges
Paulo Gomes
Thales Silva
Thiê Alves

Equipe Comercial
Adenir Gomes
Ana Claudia Lima
Andrea Riccelli
Daiana Costa
Everson Sete
Kaique Luiz
Luana Santos
Maira Conceição
Nathasha Sales
Pablo Frazão

Equipe Editorial
Ana Clara Tambasco
Andreza Moraes
Beatriz de Assis
Beatriz Frohe
Betânia Santos
Brenda Rodrigues
Erick Brandão
Elton Manhães
Gabriela Paiva
Gabriela Nataly
Henrique Waldez
Isabella Gibara
Karolayne Alves
Kelry Oliveira
Lorrahn Candido
Luana Maura
Marcelli Ferreira
Mariana Portugal
Marlon Souza
Matheus Mello
Milena Soares
Patricia Silvestre
Viviane Corrêa
Yasmin Sayonara

Marketing Editorial
Amanda Mucci
Ana Paula Ferreira
Beatriz Martins
Ellen Nascimento
Livia Carvalho
Guilherme Nunes
Thiago Brito

Atuaram na edição desta obra:

Tradução
Eveline Machado

Copidesque
Lívia Rosa Rodrigues

Revisão Gramatical
Denise Himpel
Simone Sousa

Diagramação
Rita Motta

Capa
Paulo Vermelho

Editora afiliada à: ASSOCIADO

Rua Viúva Cláudio, 291 — Bairro Industrial do Jacaré
CEP: 20.970-031 — Rio de Janeiro (RJ)
Tels.: (21) 3278-8069 / 3278-8419
www.altabooks.com.br — altabooks@altabooks.com.br
Ouvidoria: ouvidoria@altabooks.com.br

SUMÁRIO

CAPÍTULO UM

A Regra do Dia — 1

CAPÍTULO DOIS

Direção Diária — 23

CAPÍTULO TRÊS

Continue Falando em Vitória — 45

CAPÍTULO QUATRO

O Segredo para Resolver os Problemas — 67

CAPÍTULO CINCO

Chega de Distrações — 87

CAPÍTULO SEIS

Pronto para Ascender — 109

Agradecimentos — 129

Queremos Ouvir Você! — 131

Índice — 133

CAPÍTULO UM

A Regra do Dia

Existe um espaço que pertence só a você. São seus pensamentos, atitudes e emoções. É com quem passa seu tempo. É o que você assiste e ouve. É sua atmosfera. É o que pode controlar. O motivo pelo qual algumas pessoas vivem preocupadas, ofendidas e são negativas é que elas deixam tudo entrar nelas. Ouvem notícias todo dia, remoem o laudo médico e almoçam com pessoas críticas. Alguém as corta no trânsito e isso estraga o resto da manhã. O problema é que elas não controlam sua atmosfera. É preciso ter cuidado com o que permitimos entrar em nosso espaço. Não conseguimos impedir que coisas negativas entrem, mas podemos impedir que deprimam nosso espírito.

Você precisa manter sua atmosfera cheia de fé, louvor, esperança e vitória. Cabe a você dizer para qualquer coisa que tente envenenar essa atmosfera: "Não, obrigado. Você não é bem-vinda aqui." Se alguém o deixa de lado no trabalho e não o convida para uma reunião, a ofensa virá dizendo: "Tenha raiva, fique ressentido. Isso não está certo." Você pode deixar a ofensa entrar em você e viver chateado, ou pode dizer: "Desculpe, ofensa. Você não é bem-vinda aqui. Desculpe, ressentimento. Não há lugar para você. Ficarei em paz. Aproveitarei o dia." Você não tem controle sobre o que as outras pessoas fazem, mas tem sobre seus pensamentos, atitudes e como reage.

Como está nos Provérbios: "Como a cidade com seus muros derrubados, assim é quem não sabe dominar-se." Nos tempos do rei Salomão, eram os muros que protegiam a cidade. Se os muros caíssem, o inimigo poderia entrar e tomar a cidade. Do mesmo modo, se você não mantém muros em torno de seu espírito, se não controla sua atmosfera, nem coloca limites, então tudo entrará. Se seu filho sai do caminho, em vez de confiar que Deus o tem nas palmas de Suas mãos, a preocupação entrará em sua atmosfera e não conseguirá dormir à noite. Se seus negócios desaceleram ou você perde um cliente, em vez de saber que Deus é sua fonte e que Ele proverá, o estresse entrará e pensamentos ansiosos dirão: *O que farei?* Se alguém fala sobre você, tentando fazê-lo parecer mau, em vez de deixar Deus lutar suas batalhas, você deixará a ofensa entrar. Você viverá na defensiva, tentando provar que está bem, perdendo um tempo precioso com o que não importa. Você não precisa da aprovação dos outros; Deus já o aprovou. Agora mantenha seus muros de pé. Pare de permitir toda essa negatividade em seu espírito. Seu tempo é muito valioso, sua missão é importante demais para deixar tudo entrar. Seja seletivo. Se não for positivo, otimista e não tiver um parecer favorável, não pense mais nisso. Não é possível controlar o mundo inteiro, mas você pode controlar sua atmosfera.

> *Se você não mantém muros em torno de seu espírito, se não controla sua atmosfera, nem coloca limites, então tudo entrará.*

Controle o Seu Reino

As Escrituras dizem que Deus o criou para ser rei, que você deve reinar em sua vida. Coisas negativas surgirão, mas é preciso lembrar que você é o governante. Você tem autoridade para decidir o que permite entrar. *Remoerei essa ofensa? Andarei com a pessoa que me coloca para baixo? Ficarei focado no caminho errado e viverei com autopiedade?* A decisão é sua. Você controla o seu reino com suas atitudes e no que escolhe se concentrar.

Quando assistimos ao noticiário, há muita coisa negativa. Ouvimos sobre desastres naturais, divisão na política, desordem em nossa sociedade. Se permite que essa divisão entre em seu espírito, se permite que o desrespeito e a raiva entrem, isso poluirá seus pensamentos, roubará sua alegria e o tornará amargo. É preciso ser proativo. O que você assiste e ouve? Está edificando-o, tornando-o mais positivo e otimista, ou está destruindo-o, deixando-o estressado, com raiva e chateado? Você não precisa disso em sua atmosfera. A vida é difícil o bastante sem adicionar todas essas coisas negativas que a dificultam mais.

Um homem me contou que quando ele dirigia para o trabalho, ouvia programas de rádio por uma hora todo dia. Era sobre notícias e política, com pessoas ligando para argumentar e debater. Ele ficava tão irritado, tão chateado, que quando chegava ao trabalho, estava com raiva e nervoso. Ele disse:

> **O que você assiste e ouve?**

— Joel, eu não gostei do que tinha me tornado. Ninguém queria ficar perto de mim. Era muito difícil conviver comigo.

Um dia, ele encontrou nossa estação de rádio SiriusXM e começou a ouvir. Em vez de deixar entrar toda a negatividade que o contaminava horas a fio, ele começou a investir em palavras de fé, esperança e vitória. Ele disse:

— Sou uma pessoa diferente agora. Sou positivo. Sou grato. Fico ansioso para trabalhar. Gosto das outras pessoas.

Seu colega de trabalho até perguntou o que tinha acontecido, porque ele estava muito mais feliz e simpático. Isso aconteceu, porque ele se livrou do veneno em seu ambiente.

Gosto de assistir ao noticiário e é bom ficar informado, mas não dá para ouvir notícias várias horas por dia e manter a fé. Você não pode levar isso para seu espírito e ter energia, foco e criatividade em sua melhor forma.

— Bem, Joel, desejo que Deus me ajude a ser melhor.

Deus fez a parte Dele. Ele o tornou rei. Ele lhe deu autoridade e poder para controlar sua atmosfera. Você não pode controlar tudo à sua volta, mas pode controlar o que entra. Seus muros estão de pé? Você controla seu espírito?

> *Você não pode controlar tudo à sua volta, mas pode controlar o que entra.*

Quem Está Perto de Você?

Também é importante ver com quem você passa seu tempo. Avalie suas amizades. Seus amigos o tornam melhor, o inspiram e o desafiam a ir além? Ou eles o puxam para baixo, o prejudicam e extraem o pior de você? Isso contamina sua atmosfera. Você ficará como as pessoas com quem anda. Se seus amigos não têm o que você deseja, se eles não melhoram o nível, se não têm boas atitudes, se não são leais e confiáveis, você precisa fazer uma mudança. A vida é curta e você não tem tempo a perder com pessoas que não acrescentam nada à sua vida. Sim, precisamos ajudar os outros a alcançarem um nível mais alto, mas você precisa de amigos que o ajudem a ir mais alto. Esta é uma das principais coisas que as impede de evoluir. Se você parar de gastar seu tempo com as pessoas erradas, sua vida irá para um novo nível. Você não deve almoçar com pessoas do escritório que são ciumentas, que falam sobre o chefe, que reclamam da empresa. Índoles são transferíveis, no sentido de que se você anda com pessoas ciumentas, se tornará ciumento, se anda com pessoas infiéis, também se tornará um.

> **Índoles são transferíveis.**

As Escrituras dizem: "Não se detenha no caminho dos ímpios." Isso significa que você não pode ser passivo quando se trata de pessoas contaminando sua vida.

— Joel, tenho amigos de anos. Se não almoço com eles, podem ficar magoados.

E se você não percebe o seu destino? E se essas pessoas o impedem de ter o futuro incrível que Deus tem reservado? Não fique sem ação e deixe que elas envenenem seu ambiente. Seus ouvidos não são latas de lixo para ouvir fofoca. Você não foi criado para ouvir os últimos boatos. Você tem potencial. Deus o chamou para deixar sua marca, para levar sua família a um novo nível. Não perca seu tempo precioso com coisas insignificantes, com pessoas obtusas que não o fazem progredir.

Quanto menos tempo passar com certas pessoas, melhor para você. Algumas pessoas são ladras de sonhos. Elas dirão todos os motivos para você não atingir seu objetivo, por que não pode ficar bem ou como nunca acabará com um vício. Você não precisa desse veneno em sua atmosfera. Não se detenha com pessoas que não acreditam em você, com pessoas que não concordam com seus sonhos.

> **Algumas pessoas são ladras de sonhos.**

Você Precisa de Águias

Quando tentamos adquirir o Compaq Center, primeiro nos reunimos com um grupo de advogados. Um deles disse:

— Joel, ajudarei você, mas não acho que conseguirá. É uma batalha grande. A cidade não venderá para uma igreja.

Entrou por uma orelha e saiu pela outra. Era como se ele estivesse falando com uma parede. Eu pensei: *Sinto muito, dúvida. Você não é bem-vinda aqui. Desculpe, pensamento limitado. Você não pertence a essa atmosfera. Você não sabe quem é meu Deus. Estou cheio de fé, esperança e expectativa.* Após sairmos daquela reunião, falei para a equipe que não queria aquele homem no nosso time. Ele tinha experiência, era respeitado e qualificado, mas se alguém não é por você, se tem que convencer a pessoa sobre o que Deus colocou em seu coração, você não precisa dela. Não deixe que ela envenene seu espírito e o convença de que não pode realizar seu sonho. Controle sua atmosfera. Livre-se dos pessimistas. Pare de gastar seu tempo com pessoas que não veem sua grandeza, que não valorizam o que você tem a oferecer, que não reconhecem o chamado em sua vida. Aprendi que se você se livrar das pessoas erradas, Deus trará as pessoas certas. Ele trará conexões divinas, pessoas que entrarão em acordo com você, que o empurrarão para frente e o ajudarão a chegar a seu destino.

A única coisa que atrasa as pessoas é com quem elas passam seu tempo. A vida é curta demais para você passar com pessoas negativas, castradoras, ciumentas, críticas e obtusas. Você precisa de águias em sua vida. Precisa de pessoas que decolem, que fazem coisas grandiosas, que têm uma grande atitude, mas eis o segredo: Você não pode voar com as águias se anda com as galinhas. Galinhas são pessoas que mantêm as cabeças para baixo, focadas no chão, focadas no que não podem fazer. "Esse problema é grande demais." Você não consegue chegar a novos níveis andando com perus, com pessoas que prejudicam, pegam o caminho fácil, medíocres. Você não vê sua grandeza andando com corvos, com pessoas que reclamam, que colocam defeito, sempre vendo o pior. Você é uma águia. Deus o criou para voar. Agora precisa se associar com outras águias, com pessoas que o inspiram a ir mais alto, não com quem o puxa para baixo.

> *Você não pode voar com as águias se anda com as galinhas.*

Quando se está cercado por certas pessoas, elas drenam sua energia. Estão sempre com problemas, dizendo o que está errado e como a vida é ruim. Elas são sugadoras de energia. Quando você se afasta delas, está exausto como se tivesse corrido uma maratona. Não se pode passar por isso regularmente e atingir seu potencial. Sim, é bom ajudá-las, encorajá-las, mas se você está sempre dando e nunca recebendo, é uma relação desequilibrada. Você precisa de alguém que o encoraje, alguém que o incentive. Não se detenha com pessoas que sabe que o limitam, que não trazem o seu melhor à tona.

— Joel, se eu não ando com eles, não tenho amigos. Ficarei só.

Você pode ficar só por um tempo, mas Deus lhe dará novos amigos, amigos melhores, amigos que o colocam para cima e não o derrubam.

Controle Sua Atmosfera

No Salmo 59, Davi estava fugindo do rei Saul, escondendo-se no deserto. Ele tinha sido bom para Saul, mas Saul tinha ciúmes dele. O rei não suportava as pessoas comemorando mais com Davi do que com ele. Então ele e seu exército perseguiram Davi, tornando sua vida miserável. Davi disse:

— Não lhes fiz mal nenhum, mas armaram uma emboscada para mim. Eles me atacaram de noite, rosnando como cães ferozes.

Davi continuou descrevendo como era ruim. Ele podia ter entrado em pânico e ficado chateado. Mas, no meio de toda essa turbulência, Davi continuou dizendo para Deus:

— Mas quanto a mim, cantarei sobre Seu poder. Gritarei de alegria toda manhã. Pois Tu és o meu refúgio, um lugar de segurança na hora da adversidade.

Davi entendia esse princípio. Ele não podia controlar Saul, nem fazê-lo deixar de ser ciumento. Não podia mudar a mente dos inimigos, mas podia controlar sua atmosfera. Ele não podia deixar entrar a preocupação, o medo, o ressentimento, o pânico. Sua atitude foi: *Ficarei em paz. Não pensarei sobre como é injusto. Não remoerei o que não deu certo. Deus, adorarei Você no meio dessa tempestade. Gritarei de alegria, apesar do que está contra mim.* Você não pode controlar a atmosfera das outras pessoas e não pode fazer com que ajam corretamente, mas pode controlar a sua.

As Escrituras dizem: "Fique em paz, permaneça tranquilo e Deus lutará suas batalhas." Você pode estar em uma situação injusta; alguém lhe fez mal, está lidando com uma doença, passou por uma perda. Pode estar preocupado, ressentido e chateado. Não consegue controlar o que aconteceu e não pode acabar com isso. É onde deve ir mais longe como Davi e dizer: "Manterei meus muros de pé. Não deixarei essa negatividade entrar em meu espírito.

> **Não seja controlado pelo que foge do seu controle.**

Continuarei cantando louvores. Continuarei agradecendo a Deus. Continuarei falando de vitória." Quando estiver em paz, Deus lutará suas batalhas. Ele cuidará dos seus inimigos. Ele lhe restituirá pelas coisas injustas. Ele tirará beleza das cinzas. Não seja controlado pelo que foge do seu controle. Não é possível impedir que os Sauls venham atrás de você. Não pode impedir que as pessoas sejam ciumentas. Não pode evitar os tempos ruins. O que pode controlar é o que permite entrar.

Uma senhora me contou sobre os comentários de um dos parentes de seu marido. Logo após eles terem se casado, esse parente começou a fazer observações desagradáveis e humilhantes sobre seus pontos de vista. Sempre que estavam em uma reunião familiar, falava algo que a ofendia. Ela ficava chateada e isso acabou com a viagem deles. Como um relógio, isso acontecia de tempos em tempos repetidamente. Chegou ao ponto dela temer ir aos eventos da família. Por fim, falou para seu marido:

— Você precisa fazer algo sobre esse homem. É seu parente.

Ela esperava que ele dissesse:

— Você está certa. Ninguém deve falar com você assim. Eu o colocarei em seu lugar.

Mas o marido disse:

— Eu amo você, mas não posso controlá-lo. Ele tem todo direito de ter sua opinião. Ele pode dizer o que quiser, mas você tem todo direito de não se ofender.

Ele estava dizendo: "Você precisa controlar sua atmosfera. Precisa colocar os muros de pé. Não pode impedir que as ofensas cheguem, mas pode evitar que elas entrem."

Aquele dia foi um divisor de águas para a senhora. O parente não mudou, ela, sim. Ela parou de deixar que ele a chateasse. Quando você permite que outras pessoas contaminem sua atmosfera, está entregando seu poder, deixando que elas controlem você. Por vezes, esperamos que as circunstâncias mudem. "Quando essa crise financeira passar, paro de ficar tão estressado." "Quando meu chefe me tratar melhor, paro com o medo de ir trabalhar." "Quando eu superar essa doença, paro de me preocupar tanto." Não, comece a controlar sua atmosfera. Você tem autoridade para permitir a

> *Quando você permite que outras pessoas contaminem sua atmosfera, está entregando seu poder.*

entrada apenas do que deseja. Não precisa deixar entrar a ofensa, a preocupação e autopiedade. Pare de remoer isso. Quando surgir em sua mente, mude e diga: "Pai, obrigado por lutar minhas batalhas. Obrigado por Sua presença ser maior do que o mundo contra mim."

O Poder de Permanecer Calmo

As Escrituras dizem: "Deus lhe deu o poder para permanecer calmo em tempos de adversidade." Quando surgirem problemas, não fique chateado. Quando seus planos não dão certo, não desmorone. Quando alguém é grosseiro, não fique ofendido. Você tem o poder de permanecer calmo. É porque você é rei. Deus lhe deu autoridade para controlar seu reino, sua mente, atitude e resposta. Você não pode mandar em outra pessoa. Não pode controlar todas as circunstâncias. Não cabe a você. Está nas mãos de Deus. Você controla o que é possível controlar e precisa confiar em Deus cuidando do que não pode.

Em 2003, a Câmara Municipal de Houston votou a favor do Compaq Center para nossas instalações. Foi uma batalha de dois anos. Trabalhamos com dedicação, convencemos os diferentes membros da Câmara e Deus colocou tudo no lugar. Foi uma grande vitória. A votação aconteceu na quarta-feira e, naquela noite, fizemos uma grande comemoração na igreja. No dia seguinte, Victoria, eu e nossos filhos saímos da cidade para tirar uns dias de folga. Estávamos nas nuvens, muito empolgados. Depois de chegarmos ao hotel e começarmos a desfazer as malas, meu cunhado Kevin, o administrador da igreja, ligou e disse:

— Joel, uma grande empresa acabou de entrar com um processo federal tentando nos impedir de mudar para o Compaq Center. Eles disseram que estamos violando as restrições da escritura pública.

Perguntei a ele o que isso significava. Ele respondeu:

— Significa que não podemos nos mudar porque está no sistema legal e poderia levar anos para resolver.

Os advogados disseram que não havia garantias de que venceríamos. Isso aconteceu menos de 24 horas após uma das maiores vitórias em nossas vidas.

Victoria ouviu toda a conversa. Ela parou de desfazer as malas e disse:

— Joel, o que faremos?

— Vou para a praia.

— O que fará lá?

— Vou nadar.

Ela me olhou nos olhos e disse:

— Você não está preocupado?

— Não, nós fizemos nossa parte; agora está nas mãos de Deus. Não vou me preocupar com algo que não posso mudar. Ficarei em paz e confiarei em Deus para lutar as minhas batalhas.

Sim, houve preocupação, desapontamento e frustração, mas mantive meus muros de pé. Eu não permiti que entrasse no meu ambiente.

Quando você tem um contratempo, enfrenta dificuldades, é um momento muito importante. O inimigo bombardeará o seu espaço — sua mente, suas emoções — e até usará outras pessoas para tentar desencorajá-lo, deixá-lo preocupado e cheio de dúvidas. "Por que isso aconteceu?" É quando você assume a autoridade e diz: "Não permitirei que entre na minha atmosfera. Não ficarei pensando nisso. Não reviverei minhas mágoas. Ficarei firme na fé. Sei que Deus ainda está no trono. Sei que Ele não me trouxe até aqui para me abandonar. Sei que o inimigo não tentaria me impedir se não houvesse algo incrível no meu futuro." Se você fizer a sua parte e controlar o que pode, se controlar seu ambiente, pensamentos e atitudes, então Deus fará a parte Dele. Ele fará as coisas acontecerem que você não poderia fazer.

Regra do Dia

Há uma franquia de sucos que tem um lema: "Regra do Dia". Eles o encorajam a comer certo e tomar as vitaminas certas para ter um dia saudável. Gosto da frase *Regra do Dia*. Ao levantar de manhã, tome a decisão: "Controlarei meus pensamentos hoje. Não pensarei apenas no que vem à cabeça. Terei pensamentos positivos, otimistas e encorajadores de propósito. Não perderei meu tempo com qualquer um hoje. Controlarei meu dia e serei seletivo. Eu me associarei às águias. Controlarei minha atitude hoje. Verei o melhor, serei grato e ficarei em paz. Controlarei minhas emoções hoje. Perdoarei os erros. Ignorarei as ofensas e darei às pessoas o benefício da dúvida." Antes de sair de casa de manhã, é importante tomar a decisão de que nada que aconteça o chateará. Você ficará em paz. Então quando surgirem dificuldades, como trânsito ruim, chefe grosseiro, filho com problemas, você já decidiu sobre a regra do dia. Seus muros estão de pé. Você não viverá chateado.

> *Se você fizer a sua parte e controlar o que pode, se controlar seu ambiente, pensamentos e atitudes, então Deus fará a parte Dele.*

> **Mantenha a negatividade fora do seu ambiente.**

Devemos sair todo dia esperando o melhor, mas sabendo que nem tudo pode ser perfeito. Pode haver atrasos, interrupções e pessoas que são difíceis de lidar. Não deixe que isso arruíne seu dia. É a regra do dia. Mantenha a negatividade fora do seu ambiente. Deus direciona seus passos. Qualquer coisa que aconteça não é surpresa para Ele. Ele lhe deu o poder de ficar calmo em momentos de adversidade. Deus nunca prometeu que você teria o poder de evitar a adversidade, que não teria desafios ou teria um dia perfeito. O fato é que todo dia pode ser bom se você controlar sua atmosfera. Davi tinha um bom dia mesmo quando Saul o perseguia. Tive um bom dia na praia quando a empresa entrou com uma ação. Pare de esperar que todas as circunstâncias sejam perfeitas. Você pode ter um bom dia no meio de uma crise. Pode ter um bom dia mesmo com desafios no trabalho, mesmo que lide com uma doença, mesmo que algumas pessoas não gostem de você. Fique calmo, tenha fé e controle o seu dia. Tome a decisão como Davi fez e diga: "Este é o dia que o Senhor criou. Eu o viverei com fé. Serei feliz hoje. Serei bom com outras pessoas. Aproveitarei ao máximo esse dia."

Certa noite, liguei para pedir uma pizza, o que faço há anos. A primeira coisa que eles sempre pedem é o número do telefone. Quando uma jovem atendeu o telefone, eu disse olá com muita educação e comecei a dizer meu número. Você poderia pensar que acabei de cometer um crime gravíssimo. Ela praticamente gritou no meu ouvido:

— Senhor, não estou pronta para o número de telefone! Quando eu quiser o número, pedirei!

Naquele momento, de repente, não me senti um pastor. Senti outras coisas se intensificando. Tive que tomar uma decisão: *Vou dominar minha atmosfera ou deixar que ela o envenene? Vou manter meus muros de pé ou ficarei ofendido?* As pessoas estão sempre tentando trazer as atmosferas delas para a sua. As pessoas que magoam, que têm problemas e que enfrentam alguma situação, tentarão colocar seu veneno em você. Não são pessoas ruins; só estão sofrendo. O erro que cometemos com muita frequência é morder a isca. Deixamos a ofensa entrar, ficamos chateados e fazemos com elas o que fizeram conosco. Mas você não vence o mal com mais mal; você supera o mal com o bem. Pensei comigo mesmo: *Já tomei a decisão*

> **As pessoas estão sempre tentando trazer as atmosferas delas para a sua.**

de que ficarei em paz hoje. Não ficarei chateado. É a regra do dia.

Você já ouviu a frase: *Mate-os com gentileza.* É o que decidi fazer. Pensei em algo que poderia elogiar nela. Deus sabe que tive que usar minha imaginação. Eu disse:

— Muito obrigado por ter atendido ao telefone tão rápido e anotar o meu pedido, sendo muito eficiente. Vocês sempre fazem as melhores pizzas e são sempre pontuais.

Continuei mentindo... quero dizer, encorajando. Quando terminei, ela estava sendo simpática, oferecendo asinhas picantes, refrigerantes e cupons. Era minha melhor amiga.

Seja Calmo, Controlado e Equilibrado

O apóstolo Paulo disse a Timóteo: "Tu, no entanto, sê equilibrado em tudo, suporta os sofrimentos, faze a obra de um evangelista e cumpre teu ministério." Algumas pessoas deixam que coisas as chateiem com muita facilidade, por exemplo, o trânsito, o clima ou um atendente mal-humorado. Eu me pergunto quanto mais você desfrutaria da vida e como iria mais alto se começasse a usar a Regra do Dia. Mantenha os muros de pé. Não deixe tudo entrar em seu espírito. Você não pode impedir a entrada da negatividade, mas pode impedir que ela o derrube. Você é rei. Tem um reino. Você é responsável por seus pensamentos e sua atitude. Comece a controlar sua atmosfera. No começo do dia, tome a decisão de que ficará em paz. Não deixe as coisas chatearem você. Você ficará calmo, controlado e equilibrado. Se fizer isso, acredito e declaro que não só desfrutará mais da vida, como também verá mais a graça de Deus. Ele lutará suas batalhas e cuidará do que tenta impedi-lo. Você subirá mais alto, vencerá os obstáculos e verá novos níveis em seu destino.

CAPÍTULO DOIS

Direção Diária

Deus diz no Salmo 32: "Eu mostrarei o melhor caminho para sua vida." Ele tem a sabedoria, a orientação e a direção de que precisamos, mas não acontecerá automaticamente. Existe algo que precisamos fazer. Toda manhã, temos que ir até Ele e dizer: "Deus, estou pronto para minha missão. Mostre-me o que fazer, mostre-me aonde ir, dá-me as palavras para falar, torne livre o caminho." Pedir sabedoria, orientação e instrução é um ato de entrega. É preciso humildade para dizer: "Deus, Você sabe o que é melhor para mim. Preciso de Sua ajuda. Não posso fazer isso sozinho. Abra as portas certas, feche as erradas. Mostre-me o melhor caminho."

As Escrituras dizem que quando você aceitar Deus em todos os seus caminhos, Ele direcionará sua trajetória. Muitas vezes, fazemos planos sem consultar Deus, então pedimos a Ele para abençoá-los. Ficamos pensando por que é uma luta, por que sempre parece difícil. Entendemos ao contrário. Fazemos o movimento, então, pedimos ajuda a Deus. O modo certo é pedir a Deus primeiro. "Deus, é isso que Você quer que eu faça? Devo namorar essa pessoa? Devo iniciar esse projeto? Devo fazer essa viagem? Devo fazer essa compra?" Se você sente paz com isso, vá em frente. Se não, espere. Deus sabe o que é melhor para nós.

Na oração do Pai Nosso, Jesus diz: "O pão nosso de cada dia nos dai hoje." Ele não diz: "O pão nosso de cada semana" nem "de cada mês". Não é suficiente pensar: *Joel, vou à igreja todo domingo.* Toda manhã, precisa ir até Deus para ter o pão de cada dia, a sabedoria de cada dia, a direção de cada dia. Muitas vezes, tentamos fazer coisas apenas com nossa própria força, intelecto, capacidade. Isso o limitará. Deus sabe de coisas que não sabemos. Ele vê coisas

> **Na oração do Pai Nosso, Jesus diz: "O pão nosso de cada dia nos dai hoje." Ele não diz: "O pão nosso de cada semana" nem "de cada mês".**

que não vemos. Ele conhece as pessoas certas, que devem estar em sua vida. Ele sabe onde está o perigo e onde estão os becos sem saída. Deus sabe como catapultar você anos à frente. Ele sabe como levá-lo até seu destino. Você tem uma vantagem.

> *"Jamais se encontre com pessoas antes de se encontrar com Deus."*

Você reserva um tempo para ter o pão de cada dia? Por vezes, saímos de casa às pressas, de manhã, dizendo: "Estou com pressa. Não tenho tempo. Preciso ir trabalhar." Eu vivo com este ditado: "Jamais se encontre com pessoas antes de se encontrar com Deus." Se você reserva um tempo para aceitar Deus e dizer "Deus, preciso de Você hoje. Conduza-me, oriente-me. Mantenha-me no caminho certo", não só seu dia será melhor, como Deus o impedirá de cometer grandes erros.

Sabedoria Diária Tem Seu Nome Marcado

Há alguns anos, antes de meu pai se encontrar com o Senhor, em 1999, Victoria e eu recebemos uma licença para a última emissora de televisão comercial de máxima potência em Houston. Após ter passado anos nos bastidores, em Lakewood, como produtor, fiquei muito empolgado por colocar a emissora no ar. Nós a construímos do zero. Tivemos que encontrar um lugar para a torre, comprar a programação e contratar a equipe. Embora fosse muito empolgante, eu não tinha experiência com televisão aberta. Eu conhecia produção, mas isso estava além da minha expertise. Toda manhã, eu fazia o que peço que você faça, e começo meu dia dizendo: "Deus, não posso fazer isso com minhas próprias forças, capacidade. Preciso de Sua ajuda. Senhor, conduza-me até as pessoas certas, oriente-me no melhor caminho e me impeça de cometer erros." O que eu estava fazendo? Pegando meu pão de cada dia, minhas instruções diárias.

Certo dia, estávamos prestes a comprar um equipamento muito caro para a emissora, o qual custaria alguns milhões de dólares. Nossos engenheiros tinham pesquisado e recomendaram a marca e o modelo. Eu não sabia nada sobre aquilo; eles eram os especialistas. Era uma marca líder. Mas alguns dias antes de fazermos o pedido de compra, um amigo me ligou do nada. Eu não falava com ele há tempos. Ele ligou para falar sobre algo não relacionado à emissora e conversamos por 15 minutos. Antes de desligar, ele fez um comentário sobre o fabricante do equipamento que íamos comprar. Ele disse de passagem que tinha ouvido que a empresa estava com problemas e parecia que sairia do negócio. Ele falou:

— Sinto pena das pessoas que têm equipamento deles.

Ele não tinha ideia que faríamos um pedido naquela empresa. Quando ele disse isso, senti calafrios na espinha. Ele não sabia, mas Deus estava falando por intermédio dele. Desliguei e chamei nossos engenheiros. Eles pesquisaram e descobriram que era verdade. Se ele tivesse ligado alguns dias depois, teria sido tarde demais. Teríamos ficado com um equipamento que logo seria ultrapassado, estaria sem suporte e viraria uma grande dor de cabeça.

Algumas pessoas acham que a ligação foi uma coincidência, mas sei que era Deus direcionando meu caminho. É o que acontece quando você tem o pão de cada dia, quando toda manhã pede sabedoria a Deus. Você está mostrando que depende Dele. Quando você se humilhar assim, as Escrituras dizem que Deus o exaltará. Muitas pessoas são orgulhosas demais. Elas pensam: *Não preciso da ajuda de ninguém. Posso fazer isso sozinho. Veja como sou bem-sucedido, Joel.* Sim, mas pense sobre onde você estaria se começasse a aceitar Deus. Pense sobre os erros e a dor de cabeça que Ele teria poupado de você. Pense nos becos sem saída que poderia ter evitado. Pense na graça, nas oportunidades e nas portas que você

> **Não faça sozinho. Isso o limitará.**

não pode abrir, mas Deus abrirá. Não faça sozinho. Isso o limitará. Comece com seu pão de cada dia, sabedoria, direção. Está disponível; tem seu nome marcado. Reserve um tempo toda manhã para aceitar Deus.

O que Funcionou Ontem Pode não Funcionar Hoje

Quando os hebreus estavam no deserto indo para a Terra Prometida, Deus lhes dava o maná para comer toda manhã. Era como pão que se formava no solo. O maná durava apenas um dia. Toda manhã, eles tinham que sair e pegar o novo suprimento. Tenho certeza de que algumas pessoas pensavam: *Vou pegar o bastante para uma semana inteira. Não quero vir amanhã. Vou economizar tempo e energia, fazendo tudo de uma só vez.* Mas elas acordavam no dia seguinte e todo o maná tinha estragado. Não podiam comer. O princípio era que toda manhã você tinha que sair e pegar o maná fresco. A palavra *maná* em hebraico é traduzida como "O que é?" Quando vamos até Deus todo dia para pegar o maná fresco, a atitude certa é: *Deus, o que Você quer que eu faça? Qual é a minha missão? Qual é o caminho certo?* Não é levar a Deus todos os nossos pedidos, dizendo a Ele o que fazer e como fazer. Pelo contrário, é dizer: "Deus, estou pronto. Mostre-me o caminho, mostre-me como vencer esse desafio, como realizar meus sonhos. Dê a mim Suas ideias, sabedoria e direção."

Você pega seu maná diário? Verifica com a matriz para saber sua missão toda manhã, perguntando a Deus: "O que é?" Ou fica no piloto automático, só fazendo o que sempre fez? O desafio nessa abordagem é que o que funcionou no passado pode não funcionar hoje. Por vezes Deus fará as coisas de modo diferente. Em Êxodo 17, quando os hebreus estavam com sede no deserto, eles precisavam de água. Deus disse a Moisés para bater na rocha no Monte Horebe e quando ele fez isso, a água jorrou livremente. Ele ficou muito grato. Foi um grande milagre. Mais adiante, em Números 20, quando as pessoas estavam com sede de novo e não havia água, Deus disse a Moisés para falar com a rocha em Kadesh. O problema era que Moisés estava no piloto automático e sentia tanta raiva com as pessoas reclamando de Deus que não ouviu Suas instruções. Ele pensou: *O mesmo problema, o mesmo deserto e uma rocha parecida. Já sei. Não preciso da instrução diária. Já superei esse desafio. Posso fazer de novo.* Moisés estava tão chateado que bateu na rocha duas vezes e a água jorrou para os hebreus e o gado. Mas custou caro a Moisés. O Senhor disse que como Moisés não O ouviu e nem O honrou diante das pessoas, como ele não tinha feito do Seu modo, não poderia entrar na Terra Prometida.

> **Deus é um Deus da renovação. Ele gosta de fazer coisas novas.**

Se Moisés tivesse escutado, teria ouvido Deus dizendo: "Moisés, tenho água para você, mas não acontecerá como foi no Monte Horebe." O princípio é que você não pode viver do pão de ontem e esperar ter vitória hoje. As informações de ontem podem não funcionar hoje. Deus é um Deus da renovação. Ele gosta de fazer coisas novas. É fácil ficar preso em um pensamento de rotina: *Não preciso do pão de cada dia. Não preciso ouvir. Venci esse desafio antes e usarei as mesmas táticas para vencer desta vez.* Mas como aconteceu com Moisés, às vezes, o antigo modo é o modo errado. Você precisa do maná fresco. Se não, baterá na rocha quando deveria falar com ela. É um ajuste simples, mas só ouvirá se estiver pegando o pão de cada dia.

Seja aberto à mudança. Queira experimentar algo novo. O que teve êxito para você cinco anos atrás pode não ter sucesso hoje. O que funcionou em seu casamento no passado pode não funcionar hoje. Por que você não pega o maná fresco? Tenha a atitude: *Deus, estou aberto para coisas novas.* Ouvi dizer que se você não inova, evapora. Você não pode confiar no que o levou onde está para mantê-lo lá. As coisas mudam. Alguém quer seu trabalho, sua esposa/

marido, seus sonhos. O mundo segue em frente. Você não pode se dar ao luxo de ficar no piloto automático, só no ponto morto e fazer as coisas do mesmo modo. Ficará para trás. A boa notícia é que Deus tem

> *Você não pode confiar no que o levou onde está para mantê-lo lá.*

graça, sabedoria, ideias e abundância diárias. Se você ficar aberto, Ele o levará à plenitude do seu destino.

Ouça O que Deus Diz Agora

Por que Moisés simplesmente não podia bater na rocha de novo? Deu certo na primeira vez. É como se fizesse mais sentido deixar acontecer do mesmo modo. É porque Deus quer que contemos com Ele, não com uma fórmula. "Se eu fizer isso e aquilo, nessa ordem, Deus me promoverá." Se fosse só isso, não precisaríamos de Deus. "Basta seguir estes passos para ter sucesso. Basta tocar na rocha toda vez." Isso não é fé; parece mais com mágica. Deus muda o método de propósito para que tenhamos que ir até Ele e pegar nosso pão de cada dia. Ele busca pessoas que reconheçam que Ele é a fonte de nossa força, do nosso sucesso e que com Ele há saúde, liberdade, abundância, ideias e criatividade. Quando você confiar nEle, terá vitória atrás de vitória, mas veja

> *Pode ser que você esteja preso, sem ver a promoção, porque, como Moisés, ainda está batendo na rocha quando Deus lhe diz para falar com ela?*

o segredo: Ele pode não fazer do mesmo modo. Pode ser que você esteja preso, sem ver a promoção, porque, como Moisés, ainda está batendo na rocha quando Deus lhe diz para falar com ela? Você está preso na tradição, em como aconteceu no passado, tentando replicar a mesma coisa, quando Deus deseja fazer algo novo de um modo novo, com novas ideias e pessoas, tirando novos talentos de você. Se você começa a pegar seu pão de cada dia, ouvindo o que Deus diz agora, seguindo aquela vozinha, então verá a água começar a jorrar de maneiras grandiosas.

Davi entendeu esse princípio. Em 2 Samuel 5, ele tinha acabado de se tornar rei de Israel. Quando os filisteus souberam da notícia, vieram com força total para o Vale de Refraim para atacá-lo. Davi era um guerreiro que tinha conquistado muitos inimigos. Ele amava uma boa batalha. Agora era rei. Tenho certeza de que Davi estava feliz, pensando que essas pessoas tinham escolhido o homem errado para lutar. Elas estavam em apuros. A natureza dele era atacar. Ele podia ter pensado que não havia necessidade de orar, que era uma decisão fácil. Ele tinha vencido centenas de batalhas. O que era mais uma? Mas veja por que Davi era um homem guiado pelo coração de Deus. As Escrituras dizem: "Davi perguntou ao Senhor:

— Devo atacar esses filisteus? Você os entregará a mim?"

Observe sua humildade. Ele não disse:

— Eu resolvo, tudo bem. Passei por isso, fiz aquilo.

Ele reservou um tempo para perguntar ao Senhor. Antes de ir para a batalha, ficou em silêncio e disse: "Deus, o que devo fazer?" Ele estava pegando sua instrução de cada dia. Ele não pressupôs que algo que tinha funcionado no passado funcionaria no futuro.

Davi fez uma pergunta importante: "Deus, Você entregará esse inimigo a mim?" É como se fosse uma certeza. Deus apenas o colocou como responsável pelos hebreus, Seu povo escolhido. Sem dúvida, Deus não o deixaria ser derrotado. Mas o fato é que não devemos lutar toda batalha. Davi era inteligente o bastante para perguntar: "Devo atacar?" Ele estava dizendo: "Deus, não quero ir se Você não estiver comigo." Ele estava mostrando sua dependência de Deus. Reconhecia de onde vinham sua força, graça e habilidade. Às vezes, pressupomos que se há um obstáculo, se algo está tentando nos impedir, não há dúvidas de que iremos lá e lutaremos. Deus está do nosso lado. Mas a abordagem inteligente é dizer:

— Deus, qual é o Seu plano? O que Você quer que eu faça com esse adversário? Devo atacar ou ficar parado e deixá-lO lutar por mim? Se eu entrar, Você me dará a vitória? Todos nós temos batalhas que não resultaram como imaginamos. Talvez porque não perguntamos ao Senhor. Davi não contava com sua força, experiência, talento ou conexões. Ele sabia que havia algo mais importante que tudo isso. Sem as bênçãos de Deus, ele não teria sucesso.

As Escrituras dizem o seguinte: "O Senhor disse para Davi:

— Vai, pois Eu entregarei os filisteus a ti."

> *Todos nós temos batalhas que não resultaram como imaginamos. Talvez porque não perguntamos ao Senhor.*

Assim que Davi teve uma orientação clara, saiu e derrotou os filisteus. Se fizermos como Davi e perguntarmos ao Senhor antes de entrarmos em conflito, antes de tomarmos grandes decisões, e formos até Deus para receber maná fresco, a orientação de cada dia, evitaremos muita dor de cabeça e sofrimento. Aprendi que o que Deus pede, Ele cumpre. Mas Deus não é obrigado a dar vitórias para batalhas das quais não devemos participar. Sim, Deus é misericordioso e Ele nos ajudará, mas é muito melhor perguntar ao Senhor antes de tomar uma decisão importante. Não pressuponha apenas que, como aconteceu assim antes, acontecerá igual desta vez.

> *Aprendi que o que Deus pede, Ele cumpre. Mas Deus não é obrigado a dar vitórias para batalhas das quais não devemos participar.*

Alguns meses depois, os filisteus voltaram ao mesmo vale para atacar Davi de novo. Davi poderia ter pensado: *Muito fácil. Não preciso perguntar a Deus desta vez. Sei o que fazer, é só ir lá e derrotá-los.* Mas Davi percebeu que não podia contar com o maná de ontem. Ele sabia que a informação de ontem poderia não ser adequada para o desafio de hoje. As Escrituras dizem: "Davi perguntou novamente ao Senhor e o Senhor disse:

— Não ataque."

Era o mesmo inimigo e o mesmo vale, mas desta vez Deus disse:

> *O modo de agir de Deus não é como o nosso. Ele não deseja que você fique preso a uma fórmula; deseja que fique preso a Ele.*

— Farei de outro modo. Não quero que você os ataque de frente. Quero que dê a volta por trás deles.

Ele disse a Davi:

— Quando você ouvir barulho nas amoreiras, será o sinal de que fui na sua frente e derrotei seu inimigo. Então você pode entrar de uma só vez.

Se Davi não tivesse perguntado ao Senhor, ele teria agido como na primeira vez, pressupondo que tinha dado certo antes. O bom senso lhe dizia que certamente funcionaria agora. Mas o modo de agir de Deus não é como o nosso. Ele não deseja que você fique preso a uma fórmula; deseja que fique preso a Ele. Você deve adquirir o hábito de ter a instrução de cada dia, o maná fresco, perguntando:

— Deus, como Você quer que eu responda a esse problema? Como lido com a situação em minhas finanças ou saúde? Deus, me dê a Sua sabedoria, ideias, graça.

É como Deus o guia no melhor caminho para sua vida. Você não pode responder a todo problema igualmente.

Só Lute as Batalhas que São Suas

Quando eu tinha um pouco mais de 20 anos, havia um casal de quem eu realmente gostava e me excedi na minha bondade. Eles eram simpáticos comigo, mas sempre parecia que eu não fazia o suficiente. Minha natureza era fazer mais e assegurar que eles soubessem que eu gostava deles. Então, fiz mais favores e saí do meu caminho para ser bom. Vários anos depois, quando eles se mudaram para outro Estado, eu lhes dei dinheiro para os custos da mudança e ajudei a embalar as coisas. No meu íntimo, eu sabia o que deveria fazer. Eu estava no caminho certo, esforçando-me, e me sentia bem assim. Acredito que Deus continuou a me abençoar por isso. Alguns anos após eles terem se mudado, um amigo me contou que o casal estava chateado comigo, pensando que eu devia ter ajudado mais, mais e mais. Eu os tinha ajudado mais que qualquer pessoa. Isso me incomodou porque naquela época eu queria que todos gostassem de mim. Minha natureza era fazer mais, ir lá e consertar, me esforçar.

Quando orei sobre a situação, quando pedi o maná fresco a Deus, lá no fundo, ouvi algo dizendo forte: "Joel, deixe-os em paz. Não importa o que você faça, eles não farão o mesmo por você." Era a mesma batalha e as mesmas pessoas, mas uma abordagem diferente. Se eu não tivesse aprendido a ter a instrução de cada dia para me dizer o que

> *Só porque foi certo no passado, não significa que será certo hoje.*

fazer, ainda estaria frustrado, tentando convencer alguém a gostar de mim, alguém que nunca gostaria.

Você está lutando a batalha que não é sua? Se Deus não lhe dá permissão, você fará com suas próprias forças, sua própria capacidade. Será uma luta constante; não há benevolência nisso. Só porque foi certo no passado, não significa que será certo hoje. Você precisa de instruções diárias. Como Davi, você pode ser hábil na batalha, você é forte e pode enfrentar os melhores. Mas precisa verificar com a matriz e receber sua missão. "Deus, devo lutar nessa batalha? Mostre-me como vencer. Mostre-me os passos certos." Então ouça o que sente em seu íntimo; não na mente, mas no coração. Ouça aquela vozinha. É uma certeza, uma impressão. Você não consegue explicar, mas sabe que é o que deveria fazer. É Deus lhe dando a sabedoria de cada dia. É o que o levará pelo melhor caminho.

Seja Sábio e Sempre Consulte o Senhor

É onde Josué e os hebreus erram no caminho. Em Josué 9, eles entraram na Terra Prometida e viram os muros de

Jericó caírem, o que foi uma grande vitória. Eles tinham vencido outros exércitos ao longo do caminho. Deus estava com eles, mas havia um grupo de pessoas, chamado gibeonitas, que vivia nas cidades vizinhas onde os hebreus tinham acampado. Quando eles ouviram sobre o poder e o êxito dos hebreus, souberam que não podiam competir com eles e que seriam expulsos de suas cidades também. Então eles planejaram enganar Josué. Eles carregaram seus jumentos com sacos velhos e usados. Colocaram roupas velhas com buracos e sandálias caindo aos pedaços. Seus odres estavam rachados e remendados. Eles tinham pão que deixaram ficar velho, bolorento e duro de propósito. Fizeram isso para parecer ter viajado uma longa distância. Eles apareceram no acampamento de Josué e disseram:

— Josué, viemos de uma terra muito distante. Viajamos por meses a fio. Estamos cansados e com fome. Por favor, faça um acordo de paz conosco. Deixe-nos viver aqui e trabalharemos para você.

Josué perguntou:

— Como sei se vocês não são de uma das cidades próximas que irei conquistar? Como posso ter certeza de que não vivem por aqui?

Eles disseram:

— Josué, veja este pão. Ele estava fresco quando partimos, agora está velho e bolorento. Nossos odres eram novos, mas agora estão rachados e caindo aos pedaços. Veja nossas roupas. Elas estavam limpas e secas quando partimos. Esta camisa estava engomada, mas veja agora.

Josué respondeu:

— Deixe-me ver esse pão.

Ele estava mofado e cheirava mal. As Escrituras dizem: "Os homens de Israel examinaram o pão, mas não consultaram o Senhor." Parecia que os gibeonitas diziam a verdade. Tudo na superfície parecia dizer que eram pessoas corretas. Então Josué aceitou o acordo de paz e disse:

— Bem, nós damos nossa palavra. Vocês podem viver aqui. Não iremos machucá-los.

Três dias depois, a verdade veio à tona. Josué descobriu que eles não eram quem diziam ser. Eles viviam nas proximidades. Os hebreus estavam prontos para atacar, acabando com eles. Mas Josué disse:

— Não toquem neles. Demos nossa palavra. Se quebrarmos nosso acordo, Deus se voltará contra nós.

Foi uma grande dor de cabeça que poderia ter sido evitada. O problema era que eles não tinham consultado o Senhor. Apenas olharam para o que viram na superfície.

Parecia que os gibeonitas tinham viajado uma grande
distância. Eles pareciam esgo-
tados e cansados. Tudo fazia
sentido. Mas Deus pode ver
coisas que não podemos. Por
isso você precisa ir até Ele antes de se envolver com as pes-

> **Deus pode ver coisas que não podemos. Por isso você precisa ir até Ele.**

soas, antes de assinar um contrato, antes de colocar dinheiro. Faça um favor a si mesmo e consulte o Senhor. Nem
sempre as pessoas são o que dizem ser. Elas podem mostrar
um lado, o lado que querem que você veja, mas Deus vê
o pacote inteiro. Você não pode ficar preso na aparência.
"Joel, ele é alto, moreno, bonito e rico. Não preciso consultar o Senhor. O Senhor respondeu às minhas preces." É
melhor recuar ou você pode viver com alguém que não é
quem pensa ser.

Nem Tudo É O que Parece

Ouvi falar sobre duas jovens com cerca de 20 anos que
viviam na Califórnia. Elas passaram o dia fazendo com-
pras de Natal em Tijuana, México. Quando voltaram para
o carro, uma das garotas percebeu o que parecia ser um
cãozinho da raça Chihuahua. Ele estava se contorcendo

no chão perto do meio-fio, obviamente com dor. Sentindo pena dele, uma delas o pegou e o colocou no porta-malas do carro. Elas o levariam para casa e não queriam que o controle na fronteira o visse. Uma das garotas o levou para o apartamento e lhe deu leite para tentar deixá-lo mais forte. Tentou alimentá-lo, mas ele não comia. Ela o enrolou em um cobertor e o colocou ao lado de sua cama, verificando se ele ficaria bem durante a noite. Na manhã seguinte, ele estava ainda pior. Ela correu para a clínica, entregou-o ao veterinário e começou a descrever os sintomas. O médico a interrompeu e disse:

— Onde você pegou este animal?

Ela ficou com medo de ter problemas por ter cruzado a fronteira, mas acabou dizendo:

— Minha amiga e eu encontramos esse pequeno Chihuahua perto do meio-fio em Tijuana.

Ele respondeu:

— Minha jovem, isso não é um Chihuahua. É um rato do rio mexicano.

Qual é meu objetivo? Nem tudo é o que parece. É melhor você consultar o Senhor. Você não quer nenhum rato vivendo em sua casa. Espero que não pense que é tarde demais para você.

Estou pedindo que vá até Deus e peça a orientação de cada dia. Você não tomará as melhores decisões se não consultar Deus. Não aja como Josué e tente descobrir sozinho.

> **Fique aberto para algo novo.**

Faça como Davi e pergunte ao Senhor. Levante de manhã e diga:

— Senhor, o que Você deseja que eu faça? Mostre minha missão.

Quando você vier até Deus com humildade, mostrando sua dependência, Deus o ajudará a lidar com sua vida. Você reserva um tempo para o pão de cada dia? Lembre-se, não é possível viver com o maná de ontem. O que funcionou no passado pode não funcionar hoje. Fique aberto para algo novo. Se você adquirir o hábito de ir até Deus pedindo o maná fresco, acredito e declaro que Deus o guiará pelo melhor caminho da sua vida. Ele impedirá que você cometa erros, abrirá as portas certas, trará as pessoas certas. Está vindo na sua direção.

CAPÍTULO TRÊS

Continue Falando em Vitória

Nossas palavras dão direção às nossas vidas. Se você quer saber como será daqui a cinco anos, ouça o que diz sobre si mesmo agora. "Nunca ficarei bem. Nunca acabarei com esse vício. Nunca conhecerei a pessoa certa." Você está profetizando seu futuro. Não se pode falar em derrota e ter vitória. Não se pode falar em doença e ter saúde. Não se pode falar em negligência e dificuldades, e ter abundância. As Escrituras dizem: "Do fruto da boca o coração se farta." Preste atenção no que você fala sobre si mesmo, sua família,

> *Preste atenção no que você fala sobre si mesmo, sua família, finanças e saúde. Você se tornará o que sempre diz.*

finanças e saúde. Você se tornará o que sempre diz. Por isso é tão importante ter o hábito de falar em vitória na sua vida. Durante o dia, você deve dizer: "Sou abençoado. Sou forte. Sou saudável. Estou cercado de graça. Algo bom acontecerá hoje comigo." O fruto dessas palavras são bênçãos, graças e abundância. Não é suficiente apenas pensar; damos vida à nossa fé falando em voz alta.

Nos momentos difíceis, podemos reclamar, falar sobre o problema e dizer: "Não acredito que isso aconteceu." Ou você pode dizer: "Pai, obrigado por Você lutar as minhas batalhas. Obrigado pelo mal que eu receberia e que Você está transformando em bênção. Obrigado por sempre me fazer triunfar, por eu ser melhor do que antes." Isso profetiza a vitória, profetiza uma mudança. Não use suas palavras para descrever a situação, use-as para mudar a situação. Ao dizer "Nunca vou me livrar desse problema", você está con-

> *Não use suas palavras para descrever a situação, use-as para mudar a situação.*

vidando a derrota. Quando diz "Não tenho talento", está convidando limitações. Quando diz "Nunca realizarei meus sonhos. Não tenho contatos", está convidando a mediocridade. Você precisa enviar novos convites. Se luta com a depressão, seu discurso deve ser: "É apenas temporário. Não é quem eu sou. Sou livre, feliz e tenho um futuro brilhante." "O sonho pode parecer grande demais, mas sei que com Deus todas as coisas são possíveis. Novas portas se abrirão. Boas oportunidades me esperam. Pessoas certas, conexões divinas estão no meu caminho."

O apóstolo Paulo diz em Efésios: "Nenhuma palavra torpe saia da boca de vocês, mas apenas a que for útil para edificar os outros, conforme a necessidade, para que conceda graça aos que a ouvem." Uma pessoa que ouve suas palavras é você. Elas saem da sua boca e voltam para suas próprias orelhas. Se você as ouvir o bastante, elas enraizarão em sua alma. Você acredita no que diz sobre si mesmo mais do que qualquer outra pessoa. Não existe nada mais poderoso do que falar em vitória para sua própria vida.

Quando meu pai foi estar com o Senhor e passei a ser pastor na igreja, todo pensamento me dizia que eu não podia ministrar. *Joel, você não tem experiência. Não é qualificado. Não tem talento.* Algo que aprendi é não verbalizar o negativo. Não dê vida a esses pensamentos falando em voz alta. Em vez de falar sobre como me sentia — inseguro, não qualificado, intimidado —, eu dizia o que Deus falou

> *Você acredita no que diz sobre si mesmo mais do que qualquer outra pessoa.*

sobre mim. "Posso fazer todas as coisas por intermédio de Cristo. Sou forte no Senhor. Estou preparado, empoderado e ungido." O tempo todo em que dizia isso, eu não me sentia confiante nem qualificado. Era o oposto, mas continuei falando em vitória e, conforme dizia para mim mesmo quem Deus diz que sou, isso criou raiz em mim. Com o tempo, comecei a me sentir forte, confiante e muito capaz. Comecei a ver graça, novas portas se abrindo e Deus me levando onde nunca imaginei. O que aconteceu? Comi o fruto das minhas palavras. Pode não acontecer da noite para o dia, mas você deve continuar falando em vitória. Continue se vendo com saúde. Declarando que seus filhos são importantes na Terra. Declarando que seus sonhos estão acontecendo.

Você no Controle

Em Tiago 3, a língua é comparada ao leme de um navio. "Embora o navio seja grande e impelido por fortes ventos, é dirigido por um leme muito pequeno, conforme a vontade do piloto." O mesmo acontece com a língua. Mesmo que seja uma parte pequena do corpo, ela comanda sua vida. O que diz determina sua direção. A boa notícia é que você tem controle sobre o leme, controla a língua. Você envia as palavras na direção que deseja para sua vida? "Não acho que ficarei bem. O laudo médico não parece bom." É a direção errada. Por que não diz o que Deus fala sobre você? "Deus está restaurando minha saúde. Sou curado por Seus desíg-

> *Você envia as palavras na direção que deseja para sua vida?*

nios. Viverei, não morrerei." Você está dizendo: "Meu filho saiu do caminho há tempos. Não acho que ele tomará boas decisões"? Mude o leme, está indo no caminho errado. Precisa dizer: "Pai, obrigado por meu filho ser importante na Terra. Você diz que a semente dos justos, a minha semente, é abençoada. Quanto a mim e à minha casa, serviremos ao Senhor." Quando fala em derrota: "Não vejo como seguir em frente, Joel. Ninguém na minha família teve sucesso e essa crise vai acabar com o meu negócio", está indo na direção da derrota. Quando fala em fracasso, carência e mediocridade, segue esse caminho.

"Oro para que Deus me ajude." Ele ajudará, mas você controla o leme. Você define a direção com suas palavras. Você está de acordo com Deus? Ele diz que é abençoado. Você está dizendo outra coisa? Ele diz que você foi feito de forma admirável e maravilhosa, uma obra-prima, coroado com graça. Você se vê como inferior, fraco, sem atrativos? Comece a declarar o que Ele prometeu: "Pai, Você diz que mesmo na fome, os justos terão mais do que suficiente. Você diz que onde eu colocar minhas mãos, haverá prosperidade e sucesso." Quando alguém perguntar como você vai, não detalhe todos os problemas e como está ruim. Mantenha o barco na direção certa. "Sou abençoado. Sou forte. Tenho valor. Sou privilegiado."

Pense em um navio com uma carga valiosa, como petróleo, minério ou equipamentos. Toda essa carga está à mercê de um pequeno leme. Se o capitão não direcionar o navio corretamente, se o leme não estiver na posição certa, o navio nunca chegará ao destino pretendido, e toda a carga será perdida. Quando Deus soprou a vida em você, Ele colocou dons, talentos e potencial. Você tem as sementes da grandeza. É destinado a deixar a sua marca, a levar sua família a um novo nível. A pergunta não é: Você está preparado, é privilegiado, tem o que precisa? Seu navio está totalmente carregado. A pergunta é: Você manterá o leme posicionado na direção certa? Falará em vitória, abundância e novos níveis? Ou falará como se fosse alguém comum. "Não posso seguir em frente. Nunca

> *Você manterá o leme posicionado na direção certa?*

tenho boas oportunidades. Esse vício está na família por anos." Você não está sendo limitado pelas circunstâncias, mas por suas palavras. Seu leme está posicionado na direção errada. O que você fala é o que o move. Quando fala em vitória, se move em direção à vitória. Quando fala em saúde, se move para a saúde. Quando fala em profusão, mais do que o suficiente, se move para a abundância.

Eis o segredo: É preciso falar antes de ver. A fé é isso. As Escrituras dizem: "Deixe o fraco dizer: 'Sou forte.'" Você pode não se sentir forte, mas quando diz "sou forte", está se movendo para a força. Pode estar lutando contra uma doença, mas quando diz "sou saudável", se move para ter saúde. Talvez se sinta estagnado em sua carreira, como se tivesse chegado ao limite, mas precisa dizer "Novas portas se abrirão. Algo bom acontecerá comigo; Deus me leva de glória em glória." Então você vai a novos níveis, graça, algo que nunca viu. Você conduz seu navio na direção que deseja para sua vida? Seu leme, língua, o leva às bênçãos, ao crescimento e à abundância? Ou você fala sobre o que não dá certo, como não se sente talentoso ou que os obstáculos são grandes demais? Isso o afastará de seu destino.

Não Diga

Nas Escrituras, Deus disse a Jeremias que ele se tornaria um grande profeta e falaria às nações. Mas Jeremias era jovem e teve medo. A primeira coisa que disse foi:

— Deus, não posso falar às nações. Sou muito jovem. Não saberia o que dizer.

Deus poderia ter dito:

— Jeremias, Eu entendo. Parece estar acima de sua capacidade, mas não se preocupe. Vou ajudá-lo.

Não, Deus disse:

— Jeremias, não diga que é muito jovem.

> *Na próxima vez em que ficar tentado a dizer algo negativo sobre si mesmo, seu futuro, filhos ou finanças, cale-se.*

Deus lhe disse para se calar. Ele sabia que se Jeremias continuasse falando palavras negativas, dizendo para si mesmo que era muito jovem, não qualificado e que não tinha o necessário, nunca se tornaria o que foi criado para ser. Sua língua é o leme da sua vida. Ela determina a direção. Na próxima vez em que ficar tentado a dizer algo negativo sobre si mesmo, seu futuro, filhos ou finanças, cale-se. Não siga a direção do fracasso. Não diga que é muito jovem. Não diga que não pode melhorar. Não diga que nunca encontrará a pessoa certa. Não diga que não pode realizar seus sonhos. Deus não os daria a você se você não fosse capaz.

Após Deus dizer a Jeremias para não ter medo, é dito, "O Senhor estendeu a mão, tocou nos lábios de Jeremias e disse: 'Estou colocando Minhas palavras em sua boca.'" Na verdade, Deus estava dizendo:

— Jeremias, diga o que Eu digo sobre você.

Não diga como você se sente, nem o que os especialistas dizem, não diga o que aparenta ser. Comece dizendo o que Deus diz sobre você. Está no livro dos Salmos: "Ele coroará o ano com a Sua bondade, e por onde passar emanará fartura." Você pode andar por aí dizendo: "Foi um ano difícil. Mal posso esperar que acabe." Ou pode dizer: "Pai, obrigado que, mesmo nos momentos difíceis, eu tenha mais do que o suficiente. Obrigado por Você ser um Deus da abundância, por não ser limitado pelas circunstâncias, pela economia. Senhor, obrigado por eu ser abençoado este ano, sou privilegiado na fome e próspero na pandemia. Eu tenho fartura. Tenho alegria suficiente, força suficiente, muita saúde." Isso orienta seu navio para o crescimento, conduzindo-o para a abundância.

Conversei com uma jovem muito bem-sucedida em sua carreira, mas quando chegou a pandemia, as coisas começaram a ir devagar. Ela estava preocupada se as coisas dariam certo. Quando me ouviu falando que seria um ano de abundância, que a economia não é nossa fonte, mas Deus sim, algo ganhou vida. Ela começou dizendo: "Senhor, obrigada pela economia não ser minha fonte, mas Você. Obrigada pelo ano de abundância." E ela continuou repetindo baixinho repetidas vezes durante o dia. Mas parecia ser o oposto. As coisas estavam afundando, diminuindo progressivamente, embora ela declarasse crescimento, graça, falava sobre a grandeza de nosso Deus. O que ela estava fazendo? Conduzindo seu navio na direção certa. Em épocas difíceis, é fácil falar sobre problemas, reclamar, ser negativo. É quando você vai mais longe e diz:

— Não, continuarei falando em vitória. Deus, Você é meu provedor. Você é meu médico. É quem cria meios. Posso não ver como acontecerá, mas sei que Você ainda está no controle.

Ela e o marido decidiram montar seu próprio negócio. Contra todas as expectativas, deu certo, mais do que eles imaginavam. Eles conseguiram assinar o contrato da sua primeira casa própria e o negócio continua a crescer. Ela disse para mim:

— No meio de toda a incerteza, com as pessoas com medo e lutando, vimos a graça de modos nunca sonhados.

É o que as Escrituras dizem: "Mesmo em tempos difíceis, os justos terão mais do que o suficiente." Não acho que isso teria acontecido se ela ficasse com uma atitude negativa e reclamando. Preste atenção em como conduz seu navio. Você atrai o que sempre fala. Quando está sempre se gabando da grandeza de nosso Deus, falando sobre o que Ele pode fazer, declarando o que Ele prometeu, está atraindo bênçãos, graça e crescimento.

> *Quando está sempre se gabando da grandeza de nosso Deus, falando sobre o que Ele pode fazer, declarando o que Ele prometeu, está atraindo bênçãos, graça e crescimento.*

Continue Falando O que Deus Diz

O Salmo 35 diz: "Sempre repitam: 'O Senhor seja engrandecido! Ele tem prazer no bem-estar de Seus filhos.'" O interessante é que eles deveriam dizer isso continuamente. Você pensaria que eles poderiam dizer uma ou duas vezes, e seria suficiente. Mas há algo poderoso quando passa o dia sem falar sobre o tamanho do problema, que suas costas nunca param de doer ou que não verá seu filho revertendo sua situação. Ao contrário, diga:

— Deixo Deus ser engrandecido, tendo prazer na minha prosperidade, prazer em me curar, em me privilegiar.

Você reserva um tempo para declarar a bondade de Deus em sua vida? Fala em vitória no futuro? Não é suficiente fazer isso de vez em quando. Precisa se tornar um hábito. Durante o dia, precisamos declarar que somos abençoados, fortes e saudáveis. Ao acordar de manhã, diga:

— Senhor, obrigado por outro belo dia e obrigado por algo bom que acontecerá comigo hoje. Obrigado pela graça à minha volta, bênçãos me esperam, os anjos olham por mim e Sua existência para mim é mais do que o mundo contra mim.

Isso coloca seu leme na direção certa. Você não pode ficar em silêncio e atingir seu potencial. Nada acontece até você falar. Suas palavras dão vida à sua fé.

> **Nada acontece até você falar. Suas palavras dão vida à sua fé.**

Quando Josué ia levar os hebreus para a Terra Prometida, Deus disse para ele:

— Não se aparte da tua boca o Livro desta Lei, antes medita nele dia e noite, para que tenhas cuidado de fazer conforme tudo quanto nele está escrito; porque então farás prosperar o teu caminho e serás bem-sucedido.

Não diz que eles não devem se apartar da sua mente. Nem diz que se pensar positivo, ficará bem. Não diz que ler é suficiente. Diz que eles não devem apartar da sua boca. Se continuar falando o que Deus diz sobre você, terá sucesso.

Em Marcos 5, havia uma mulher que estava doente há 12 anos. Ela tinha gasto todo o seu dinheiro com diferentes médicos, mas nada ajudava. Certo dia, ela ouviu falar que Jesus estava de passagem pela cidade. As Escrituras dizem: "Ela continuava dizendo para si mesma 'Quando eu encontrar Jesus, serei curada.'" Na doença, ela profetizava a saúde. Não só uma vez, mas durante o dia ela continuava dizendo repetidas vezes "A cura está a caminho, a restauração está vindo, uma mudança está para acontecer." Quando ela viu Jesus, uma multidão estava à Sua volta. Ela poderia ter desanimado e reclamado, mas continuou dizendo:

— É a minha vez. As coisas mudarão a meu favor.

Ela continuou falando, aproximando-se cada vez mais. Por fim, chegou e tocou nas roupas de Jesus, ficando curada imediatamente. Observe o princípio: O que você diz sempre é o que lhe dá a direção.

> **O que você diz sempre, é o que lhe dá a direção.**

Se você sempre diz "Nunca me livrarei das dívidas", vai em direção à luta e à escassez. Se diz "Meu casamento não vai durar. Não nos damos bem", você se move em direção à separação, ao rompimento. Se diz "Nunca ficarei bem. Essa doença será o meu fim", terá derrota e mediocridade. Mas se enviar suas palavras em uma direção diferente, sua vida terá uma direção diferente. Quando diz "Sou abençoado", vai em direção à bênção. Quando diz "Tenho a graça de Deus", segue com crescimento. Quando diz "Estou empolgado com o meu futuro. Algo bom acontecerá comigo", vai em direção a novas oportunidades e conexões divinas. Quando diz "Vou parar com esse vício. Não sou obrigado a viver com o álcool, com raiva, com esse hábito ruim", sua direção é a liberdade, mudanças e vitória. Preste atenção no que você diz. Sua vida irá nessa direção.

Mude Como Você se Vê

Deus prometeu a Abrão que sua esposa, Sarai, lhe daria um filho e ele seria o pai de uma grande nação. O problema era que eles eram muito velhos. Abrão tinha 75 anos. Sarai era estéril e nunca conseguiu ter filhos, já estando na menopausa. Por vezes, Deus fará uma promessa que parece impossível. Você é jovem ou velho demais, não tem contatos ou o laudo médico não é bom. Você não precisa descobrir como acontecerá. Basta concordar com Deus. "Pai, Você diz que terei um bebê, portanto agradeço que ele esteja a caminho." O erro que muitas vezes cometemos é enviar nossas palavras na direção errada. "Não posso ter um bebê. Não consigo melhorar. Nunca montarei meu negócio." Palavras negativas podem impedir o que Deus tem para você.

Deus disse aos hebreus que eles viveriam na Terra Prometida, a terra repleta de leite e mel, mas palavras negativas os impediam de entrar. Dez dos doze espiões enviados para a terra retornaram e disseram:

— O povo é muito grande. Há gigantes na terra.

A oposição não os venceria, mas sim suas palavras negativas. Eles disseram:

— Não conseguiremos. Não temos o necessário.

Eles se tornaram o que disseram, profetizaram seu futuro. Eles se afastaram da Terra Prometida e vagaram no deserto por 40 anos. Quando Deus colocar algo em seu

> **Eles se tornaram o que disseram.**

coração, não comece a falar que não acontecerá, não fale sobre o que não tem nem como é grande a adversidade.

Abrão ainda esperava por seu filho prometido com 99 anos. Ele tinha a promessa que parecia impossível. Deus fez algo interessante. Ele mudou seu nome de Abrão para Abraão, que significa "o pai de muitas nações". Ele não se sentia pai, mas sempre que alguém dizia "Olá, Abraão", estava dizendo "Olá, pai de muitas nações". Ele poderia ter pensado: *Sou a pessoa errada. Não tenho filhos.* Quando ele conhecia alguém, dizia:

— Olá, sou Abraão.

Mas estava dizendo:

— Sou o pai de muitas nações.

Ele disse isso muitas vezes, meses seguidos, e começou a entrar em seu espírito. Ele tinha que se ver de uma nova maneira antes de a promessa ser cumprida. O modo como Deus mudou sua autoimagem foi por meio de suas palavras. Por isso é tão importante, durante o dia, dizer baixinho: "Sou abençoado. Sou saudável. Sou forte. Bem-sucedido. Talentoso. Atraente." Isso ajuda a determinar como você se vê.

Deus também mudou o nome de Sarai para Sara, que significa "princesa". Ela não se sentia uma princesa. Era estéril. Naquela época, as mulheres que não tinham filhos eram desprezadas. Ela podia ter se sentido inferior e envergonhada, mas quando alguém dizia "Olá, Sara", estava dizendo "Olá, princesa". "Bom dia, Sara. Bom dia, princesa." Quando ela dizia seu nome, na verdade, dizia: "Sou escolhida. Sou privilegiada. Sou abençoada." Ela dizia tudo isso ainda sendo estéril. Sua língua é o leme; ela decide em qual direção segue sua vida. Sempre que Abraão e Sara diziam seus nomes, o leme apontava para a promessa. Eles continuaram declarando inúmeras vezes. Quando Sara estava com 90 anos, ela deu à luz a um menino. Deus fez o impossível.

> *Sempre que Abraão e Sara diziam seus nomes, o leme apontava para a promessa.*

O que você diz sobre seus sonhos, finanças e filhos? "Sou muito velho. Cometi muitos erros. Não tenho talento." Isso o impedirá de dar à luz. Você não pode falar em derrota e alcançar seu potencial. Por que não começa a dizer o que Deus diz sobre você? Ele o convoca antes que aconteça, como fez com Abraão e Sara. "Mas eu não me sinto abençoado, saudável, nem privilegiado." Tudo bem, basta estar de acordo com Deus. Ele fará acontecer o que você não poderia fazer.

Coma o Fruto de Suas Palavras

Conversei com um rapaz que veio de uma cidadezinha no Mississípi. Ele tinha uma bolsa para jogar futebol de campo em uma grande universidade, mas seu sonho era o futebol americano. Durante o primeiro ano, ele conversou com os treinadores sobre isso e eles permitiram que trocasse para *kicker* (posição de chutador) na equipe de futebol americano. Ele ficou empolgado por estar na equipe, mas os treinadores nunca lhe deram uma chance. Por dois anos, ficou sentado no banco e não jogou uma única vez. Ao término da temporada, houve o dia do olheiro, quando os treinadores das equipes profissionais observam diferentes jogadores treinando para serem avaliados. Ele esperava que teria boas oportunidades, mas nenhum treinador se interessou por ele. Parecia que seus dias de futebol tinham acabado.

Voltando de carro para casa, ele ligou o rádio e encontrou nossa estação SiriusXM. Ele me ouviu falando sobre a chegada de uma mudança, como estamos a uma ligação de nosso destino, como um toque da graça de Deus pode nos catapultar ao próximo nível. Quando ele ouviu isso, algo acendeu em seu espírito. Sabia que a mensagem era para ele. Quando chegou em casa, usou o celular para fazer um vídeo de 3 minutos contando para as pessoas que jogaria aquele ano na NFL (Liga Nacional de Futebol nos EUA). A maioria das pessoas achou que ele tinha endoidado. Ele nunca deu um chute sequer, não tinha histórico e estava dizendo que jogaria futebol profissional. As pessoas diziam que não fazia sentido. Ele deixou entrar por uma orelha e sair pela outra, começando a falar em vitória. "Pai, obrigado pela oportunidade entrando no meu caminho. Obrigado pela graça que faz eu me destacar." Ele estava colocando o leme na direção certa, profetizando seu futuro.

Quatro horas depois de fazer o vídeo, recebeu uma ligação do treinador de chutes da equipe de futebol Cincinnati Bengals, convidando-o para fazer teste na equipe. Ele nem pôde acreditar. Nunca tinha falado nem conhecido o treinador. Ele foi para o treino, fez o teste e, contra todas as expectativas, entrou para a equipe. Ele se tornou o único *kicker* afro-americano de futebol na NFL naquela época. Quando fala em vitória na sua vida, Deus abrirá portas que ninguém pode fechar. Ele o colocará onde não consegue ir sozinho. Não é suficiente só acreditar nos sonhos que Ele coloca em seu coração, nas

> **Falo sobre um estilo de vida em que você adquire o hábito de falar em saúde, graça, abundância.**

promessas feitas. É importante, mas é algo que acontece quando você fala. Os anjos dizem amém, as forças das trevas são desfeitas e boas oportunidades o esperam. Quando enfrenta o que parece ser permanente, basta falar em vitória. Quando o laudo médico não é bom, continue falando em saúde. Quando os negócios ficam ruins, fale em abundância. Quando o vício parece que nunca mudará, fale em liberdade. Quando um familiar sai do caminho, continue falando em mudanças. Continue declarando o que Deus prometeu. Não tente por apenas três dias e diga que não deu certo. Falo sobre um estilo de vida em que você adquire o hábito de falar em saúde, graça, abundância. Quando faz isso continuamente, Deus diz que terá grande sucesso.

Você comerá o fruto de suas palavras. Envie as palavras que deseja comer. Se não forem positivas, otimistas e repletas de fé, não fale. Não diga que não está bem; nosso Deus é médico. Não diga que não pode realizar seu sonho; nosso Deus cria meios. Não diga que nunca terá o bastante; nosso Deus é provedor. Agora entre em acordo com Ele. Comece a enviar palavras na direção certa. Se você continuar falando em vitória, como o jogador de futebol americano, acredito

> *Você comerá o fruto de suas palavras. Envie as palavras que deseja comer.*

e declaro que boas oportunidades surgirão. Como a mulher doente, a cura virá. Como Abraão, as promessas que parecem impossíveis serão cumpridas. Os problemas que parecem permanentes vão mudar. Graça, mudanças, restauração e abundância estão a caminho.

CAPÍTULO QUATRO

O Segredo para Resolver os Problemas

Todos nós enfrentamos desafios e coisas que acreditamos que mudarão: um filho que sai do caminho, uma doença com a qual lidamos, um sonho que parece impossível. Oramos, acreditamos e declaramos promessas de Deus, mas nada muda. Por vezes, Deus não permitirá que você resolva seus problemas sozinho. O segredo é que você precisa ajudar outra pessoa a resolver o problema dela. Precisa tirar o foco de si mesmo e ser bom com os outros na hora da necessidade. Você colhe o que planta. Ficará tentado a pensar: *Não posso ajudar outra pessoa. Tenho meus próprios desafios. Preciso gastar minha energia tentando resolver minha situação.* Se você se afastar de seus problemas e for bom para outra pessoa, Deus colocará Suas mãos no seu problema e fará as coisas acontecerem, coisas que você não poderia fazer. Embora esteja empenhado na situação do outro, você não está perdendo tempo, pois Deus trabalha no seu caso.

Um amigo teve uma relação difícil com seu filho adolescente por anos. Era como se estivessem em frequências diferentes. Ele tentava ao máximo ser amoroso, gentil e compreensivo, mas eles não conseguiam conviver. Tudo era muito conflituoso. Invariavelmente, eles acabavam discutindo. Ele orou, citou as Escrituras, pediu ajuda a Deus, mas nada melhorou na relação. Ao mesmo tempo, ele era treinador da equipe de beisebol do bairro. Havia um jovem na equipe que vinha de uma família monoparental e se esforçava com as tarefas escolares. Quando esse pai ficou sabendo da situação, colocou o adolescente sob seus cuidados. Ele começou a levar o jovem para casa depois do treino junto com seu filho e o ajudava nos deveres de casa. Ele o ensinou, orientou e se tornou uma figura paterna na vida dele. Esse adolescente o admirava e o via com bons olhos. Cerca de seis meses após o pai começar a investir nesse jovem, a relação com o filho começou a melhorar. Eles se aproximaram e começaram a passar mais tempo juntos. Hoje são grandes amigos. Inseparáveis.

O segredo para resolver o problema não estava em orar mais, nem trabalhar mais. Era ajudar outra pessoa a resolver o problema dela. As Escrituras dizem: "Quando Jó orou por seus amigos, sua cura veio rapidamente." Quantas vezes acha que Jó orou para si mesmo, quando lidava com sua doença, suportando a dor semanas a fio? É bom orar: "Deus, restaure minha saúde.

> *Há vezes em que sua mudança está ligada a ajudar outra pessoa a fazer a mudança dela.*

Livre-me da dor." Isso libera sua fé. Apenas estou dizendo para não parar por aí, pois há vezes em que sua mudança está ligada a ajudar outra pessoa a fazer a mudança dela. Talvez você esteja orando com dedicação, firme na fé, mas nada muda. Agora é hora de ser uma bênção. Procure em volta uma necessidade que possa atender. Ore pelo próximo sem teto, encoraje um colega de trabalho em dificuldade, ajude um amigo a realizar seu sonho. Conforme ajuda outras pessoas, você não consegue ver, mas Deus está ajudando-o. Ele está preparando a cura, a mudança, a promoção para você. Você não pode semear sem colher.

Ajude a Resolver o Problema de Outra Pessoa

Quando eu era jovem, a Lakewood se reunia em um auditório para mil pessoas. A igreja estava crescendo e precisávamos aumentar o prédio. Meu pai pediu aos membros da congregação para orarem sobre o que poderiam doar ao projeto. Ele acreditava que o dinheiro viria. Na época, havia uma pequena igreja de língua espanhola a cerca de seis quarteirões de Lakewood. Essa igreja já tinha iniciado a construção de um pequeno auditório que reuniria em torno de cem pessoas. Meu pai notou que a construção tinha parado e, por vários meses, ninguém trabalhava no local. Ele não conhecia o pastor nem ninguém de lá, mas certa tarde decidiu parar e conversar com algumas pessoas. Elas contaram que, após terem iniciado a construção, tiveram problemas e o projeto ficou mais caro do que planejaram. Agora estavam sem dinheiro para terminar e o projeto foi interrompido indefinidamente.

Achavam que meu pai levantaria os fundos de que precisávamos para expandir Lakewood, mas ele disse à congregação que, em vez de dar dinheiro para nosso prédio, ele levantaria recursos para o prédio deles. A congregação em Lakewood deu dinheiro suficiente para terminar o santuário deles. Objetivamente, não fazia sentido. Tínhamos um problema. Precisávamos de fundos para construir nosso próprio santuário. Mas meu pai entendia o princípio: Se você ajudar outra pessoa a resolver o problema dela, Deus o ajudará a resolver o seu. Por vezes, não faz sentido. Mas em Provérbios 11 está escrito: "É possível dar e ter mais; também é possível segurar com

> *"É possível dar e ter mais; também é possível segurar com muita força e perder tudo."*

muita força e perder tudo." Os meios de Deus não são os nossos. Tudo em você dirá: "Foco em resolver meu problema e realizar meu sonho. Não tenho tempo para ajudar outra pessoa. Assim que o problema for resolvido, ajudarei os outros." Mas ajudar os outros é o que fará o problema mudar. Investir seu tempo, energia e recursos é o que abrirá as janelas do Paraíso e fará seus sonhos se realizarem.

Você pode ter pensado que dar os recursos nos impediria de construir nossa nova igreja, mas foi o contrário. Os recursos entraram para a fundação e pagamos por ela. Os recursos entraram para o aço e pagamos por ele. Os recursos vieram para as paredes, as cadeiras e o sistema de som, e pagamos tudo. O prédio foi construído sem dívidas. Não havia atrasos nem complicações. Foi assim não só para esse prédio, mas nos anos em que meu pai construiu prédios e mais prédios, expansão após expansão, sempre pagou em dinheiro. Não havia falta de dinheiro nem de recursos. Acredito que tudo começou quando ele ajudou no problema da igreja espanhola. Quando precisava de dinheiro, quando tinha um desafio, não só orava e acreditava. Ajudava a resolver o problema de outra pessoa.

Quando você fizer sacrifícios para ajudar a realizar os sonhos de outras pessoas, Deus o ajudará a realizar os seus. Não viva com o foco somente em si mesmo: seus problemas, sua doença, suas complicações no trabalho. Afaste a mente de si mesmo e seja uma bênção. Semeie. Não precisa ser dinheiro. Você pode semear encorajamento, visitar um ente querido no hospital, ligar para um amigo e falar em ter fé nos sonhos dele. Faça um prato extra de comida no jantar e leve para seu vizinho idoso. As Escrituras dizem: "Aquele, pois, que sabe fazer o bem e não o faz, comete pecado." Isso significa que quando você sabe que pode ser uma bênção, quando tem recursos para ajudar uma pessoa necessitada ou pode ensinar as habilidades aprendidas, não adie. Quando ajuda a resolver o problema da pessoa, não está apenas sendo bom para ela, está colocando em movimento um milagre para si mesmo.

> *Quando você fizer sacrifícios para ajudar a realizar os sonhos de outras pessoas, Deus o ajudará a realizar os seus.*

Quando mostrar graça, as Escrituras dizem que você será agraciado.

Veja a beleza na situação: Ao ajudar outras pessoas, o que você dá, volta não na mesma proporção, mas calcada e transbordante. Meu pai ajudou uma vez a igreja espanhola, mas nos anos seguintes as bênçãos dessa

> *Ao ajudar outras pessoas, o que você dá, volta não na mesma proporção, mas calcada e transbordante.*

obediência continuaram. Quando você passa por dificuldades, mais do que nunca, precisa buscar oportunidades para fazer o bem. Quando seus sonhos parecem impossíveis, encontre alguém para ajudar, realizando o sonho da pessoa. É bom orar, acreditar e trabalhar muito, mas algumas coisas não acontecerão se só focar em si mesmo. Quando você abençoa os outros, Deus o abençoa. Quando mostra graça, a graça vem até você. Quando ajuda a resolver o problema de outra pessoa, Deus resolve o seu.

As Sementes da Generosidade não Param

No último verão em que tivemos cultos no antigo local antes de nos mudar para o Compaq Center, saí de lá e dirigi pela estrada aquela última vez, sentindo-me grato por tudo que Deus fez. Minha mente estava repleta de boas lembranças e estava impressionado com até onde chegamos com Deus. Olhei e havia um belo arco-íris no céu, como se Deus estivesse sorrindo para nós e dizendo:

— Este capítulo chegou ao fim e um incrível está começando.

Minutos depois, passei pela igrejinha espanhola que meu pai e Lakewood tinham ajudado 25 anos antes. A plaquinha na porta dizia: "Obrigado, Lakewood, por nos dar este prédio."

Minha mente voltou para aquele tempo, quando eu era um garotinho. Eu me perguntei se estaríamos no Compaq Center se meu pai não tivesse ajudado essa congregação na necessidade. Eu estaria vendo bênção, graça, crescimento? Meu pai podia ter pensado: *Tenho meus próprios problemas. Temos grandes desafios. Precisamos de muito mais dinheiro que eles.* Mas ele não se negou a fazer o bem quando teve oportunidade. Muito disso se resume à confiança em Deus. "Deus, preciso que alguém me ajude. Não quero ajudar. Preciso de recursos. Não posso dar o que estou precisando." Quando você investe seu tempo, talento e recursos para ajudar os outros na necessidade, nunca acaba com menos. A semente que plantou continua voltando para você. Hoje estou colhendo a seara das sementes de obediência que minha mãe e meu pai espalharam 40 anos atrás. Quando você tem uma vida de generosidade, quando faz sacrifícios para ajudar outras pessoas a crescerem,

> *A semente que plantou continua voltando para você.*

isso não afeta apenas você, afeta seus filhos. As sementes não param de produzir.

Em 2 Reis 19, o rei Ezequias estava no trono em Judá. Ele era um dos descendentes de Davi. O exército assírio tinha cercado o povo de Judá e estava para atacar. Eles eram muito maiores e mais fortes. Ezequias não tinha a menor chance. Mas quando orou e pediu ajuda a Deus, recebeu uma mensagem do profeta Isaías dizendo que o exército assírio não entraria em Jerusalém, nem dispararia suas flechas na cidade. Deus disse que eles voltariam derrotados para casa. Nessa mesma noite, um anjo do Senhor destruiu 185 mil do exército inimigo. O resto deu meia-volta e foi para casa como Deus disse. Ezequias ficou muito feliz e grato. Posso imaginar que ele se perguntou por que Deus era tão bom com ele e por que recebeu tamanha graça.

A resposta de Deus para Ezequias foi:

— Foi por causa do Meu servo Davi que te defendi.

> *Sempre que ajuda alguém necessitado, está armazenando bênçãos para seus filhos.*

Isso aconteceu quase 300 anos após a morte de Davi, contudo o legado das sementes de obediência de Davi, das sementes de ajudar os outros e honrar a Deus ainda produziam frutos em sua linhagem. Sempre que ajuda alguém necessitado, não está ajudando apenas a você, mas armazenando bênçãos para seus filhos. Sempre que resolve o problema do outro, quando se esforça e faz sacrifícios indo além, está plantando uma semente não só para você ir além, mas para aqueles que vêm depois de você em sua linhagem irem mais longe. Eles receberão graça e proteção porque você tomou a decisão de honrar a Deus.

Os Burros Estão Chegando

Nas Escrituras, José tinha um problemão. Quando ele era adolescente, Deus colocou em seu coração o sonho de que estaria na liderança e faria coisas grandiosas. Mas seus irmãos tinham ciúmes dele. Eles não gostavam desse grande sonho, então o jogaram em um poço. Eles diriam ao pai que ele tinha sido morto por um animal selvagem, mas por fim, o venderam como escravo. José foi levado ao Egito onde trabalhou para um homem chamado Potifar e, um dia, acabou ficando responsável pelas tarefas em sua residência. Mesmo que José tivesse um grande problema, mesmo que seus sonhos tivessem sido despedaçados, o que ele fez? Ele ficou sentado com pena de si mesmo, reclamando de Deus e dizendo: "Não é justo?" Não, no meio de seu problema, ele ajudou Potifar no problema dele. Ele administrou tudo na residência de Potifar, organizou toda a equipe, verificou se o piso estava limpo, se a propriedade estava segura e se havia suprimentos. Em vez de focar em seu problema, ele estava sendo bom para outra pessoa.

Em dado momento, José foi falsamente acusado de um crime e preso. Com certeza, você pensaria que ele ficou amargurado e desencorajado. Mas, na prisão, dois colegas de cela tinham um problema. Na mesma noite, cada homem teve um sonho e eles não entendiam o que significava. José não disse:

— Azar o seu. Estou deprimido. Não gosto de vocês e não gosto de estar aqui.

Ele disse:

— Posso interpretar os sonhos. Deixem-me ajudar com seu problema.

Ele interpretou os sonhos corretamente e um dos colegas de cela saiu da prisão e retornou à sua posição de chefe dos copeiros do faraó. Dois anos depois, o faraó teve dois sonhos perturbadores na mesma noite e não sabia o que significavam. O copeiro, ex-colega de cela de José, disse:

— Conheço alguém que pode interpretar os sonhos.

José foi trazido para o palácio e falou para o faraó que os sonhos tinham relação com o suprimento de comida, que haveria sete anos de fome e eles tinham sete anos para armazenar os grãos e colocar tudo no lugar para a seca. O faraó respondeu:

— Não há pessoa melhor para fazer isso do que você, José. Você é o homem certo.

José se tornou o segundo no comando do Egito.

O que José estava fazendo para o faraó? Resolvendo um problema. Estava sendo estratégico, preparando tudo, usando sua expertise, habilidades e talento para ajudar as pessoas que o mantinham em cativeiro. Ele fazia tudo com tanta excelência, que outras nações vieram estudar suas operações e como ele fazia as coisas. Tenho certeza de que José era grato por não estar na prisão e ter essa posição influente, mas ele ainda tinha saudades de sua família. Pensou que nunca veria de novo o pai que ele tanto amava.

Já tinha aceitado que era tarde demais. Mas enquanto estava sendo bom para alguém, ajudando o faraó com seus problemas, em Canaã, seus irmãos carregavam seus burros e partiam para o Egito, tentando comprar comida. Eles tinham ouvido falar que a única fonte de grãos estava no palácio do

> *Enquanto José trabalhava no problema do faraó, Deus trabalhava no problema de José.*

Egito, onde José era o responsável. Observe o que estava acontecendo. Enquanto José trabalhava no problema do faraó, Deus trabalhava no problema de José. José não podia ver. Tudo parecia igual, mas o que ele não sabia era que os burros estavam se aproximando. Seus irmãos estavam a caminho.

Posso imaginar certa noite, alguém batendo nos portões do palácio. Os guardas olharam lá fora e viram pastores e burros. Os guardas perguntaram o que queriam e eles disseram que tinham vindo comprar grãos. Um dos guardas foi até José e disse:

— Algumas pessoas acabaram de chegar. Elas querem comprar grãos.

Era tarde e José estava cansado. Ele ia dizer "Fale para eles partirem. Não quero ser incomodado", mas por algum motivo mudou de ideia e foi encontrá-los. Ele mal pôde acreditar que eram seus irmãos. Você pensaria que ele se vingaria. A verdade é que ele ficou tão grato por vê-los que foi tomado pela emoção. Eles não o reconheceram, mas por fim contou quem ele era e todos choraram. Ele perguntou se seu pai ainda estava vivo e eles disseram que sim.

Em todos aqueles anos que José ajudou outras pessoas com seus problemas, fazendo o certo mesmo que não fosse o justo, Deus viu tudo. Deus vê sua fidelidade. Ele vê você ajudando os outros, quando precisa de ajuda, encorajando um amigo quando precisa de encorajamento, orando pelo vizinho que não está bem quando você mesmo luta contra uma doença. Pode parecer que nada está acontecendo, mas Deus está trabalhando. Você não consegue ver, mas os burros estão sendo carregados. O que você achou que nunca aconteceria está a caminho.

O pai e a família inteira de José vieram morar com ele no Egito. O pai achou que José estava morto e José achou que seu pai tinha feito a passagem, mas agora os dois se abraçavam e choravam. Um sonho que se tornou realidade. O problema de José finalmente foi resolvido. Não aconteceu como ele esperava. Ele não voltou para Canaã, mas sua família veio até ele. E eles conseguiram desfrutar da graça e da honra que Deus tinha dado a José.

Nada disso teria acontecido se José tivesse focado apenas em si mesmo. "Tenho meus próprios problemas. Não ajudarei Potifar. Ele precisa me ajudar. Estou aqui injustamente. Não ajudarei esse prisioneiro. Ele nunca fez nada por mim. Não interpretarei o sonho do faraó, nem usarei meu talento para administrar o suprimento de comida. Eles precisam fazer algo por mim." José entendeu o princípio: Enquanto você ajuda outras pessoas a resolverem seus problemas, Deus trabalha em seus problemas. Você pode pensar que nunca ficará bem, nunca deixará o vício, nunca realizará o sonho. Demora. O que você não pode ver é que os burros estão chegando, por isso faça como José fez, continue a ser bom com as pessoas, a ajudá-las a resolver seus problemas, a ajudá-las a realizar seus sonhos.

Faça um Favor a Si Mesmo

O que Deus iniciou em sua vida, Ele terminará. Ele o surpreenderá. Haverá uma batida na porta, algo que você não esperava. Será como os irmãos que apareceram no palácio. A cura aparecerá inesperadamente, a libertação do vício. De repente, a pessoa certa o procura, a oportunidade se abre. Você achou que era tarde demais, mas o tempo todo

> **As sementes que você plantou não ficaram despercebidas.**

em que estava ajudando os outros, os burros estavam a caminho. Deus não se esqueceu de você. As sementes que você plantou não ficaram despercebidas. Ele vê os momentos em que foi à igreja e serviu no ministério das crianças ou cantou no coral, enquanto tinha problemas em casa. Você saiu e orou pelos outros quando lidava com uma doença. Você poderia ter ficado em casa pensando: *Deus, quando Você fizer algo por mim, serei melhor.* Você só continuou sendo melhor, bom para as pessoas, fazendo sacrifícios para ajudar os outros, doando o que precisava para seus sonhos. Fique pronto para as surpresas. Fique pronto para Deus aparecer em sua vida. Fique pronto para algo que não está vendo se aproximar. Será inusitado e incomum. Ele o levará a um novo nível.

Quando trabalhei nos bastidores na produção televisiva para meu pai por 17 anos, o objetivo era fazê-lo parecer o melhor que eu pudesse. Eu não tinha muita experiência quando comecei, mas busquei os melhores consultores de iluminação, os melhores câmeras. No primeiro ano, contratamos um senhor que tinha sido produtor do programa *Today*. Conforme ele me ensinava a montar o programa, eu tentava ficar com ele o máximo possível. Passei horas trabalhando com iluminação, tentando melhorar e assegurar que o palco ficasse o melhor possível. Em certo momento, decidimos remodelar o palanque. Tínhamos alguns designers muito talentosos nos ajudando. Faríamos um novo púlpito também, portanto pedi um protótipo de um púlpito temporário que pudéssemos usar para verificar o tamanho e ver como meu pai ficava nele. Ele veio e ficou de pé atrás enquanto o víamos na câmera, e fazíamos alguns ajustes. Eu queria que ficasse bem com ele. Queria que o palco fosse o mais perfeito possível, para que meu pai ficasse bem. Terminamos a reforma e ficou lindo na câmera. Fiquei muito orgulhoso e meu pai brilhava.

Um ano depois, meu pai foi para a morada do Senhor. Eu nunca sonhei que um dia ficaria atrás daquele púlpito. Nunca pensei que eu estaria naquele lindo palanque. Pensei que estava construindo-o para meu pai, mas, de fato, foi construído para mim. Quando você ajuda outras pessoas, pensa em fazer um favor para elas, na verdade, está fazendo um favor a si mesmo. Quando ajuda outra pessoa a brilhar, Deus assegura que você brilhe. No entanto, por vezes,

> **Quando você ajuda outra pessoa a brilhar, Deus assegura que você brilhe.**

pensamos: *Não as ajudarei a ter sucesso. Isso me fará parecer inferior. Não lhes darei minhas ideias para que pareçam melhores. Preciso manter isso para meus próprios sonhos.* É exatamente o contrário. Quando você ajuda os outros a subirem, Deus o ajudará a ir mais alto. Você planta sementes por onde deseja ir.

O que Você Não Consegue Ver

Meus amigos Rob e Laura Koke são pastores em uma igreja em Austin, Texas. Em 2009, seu filho Caleb, de 16 anos, morreu em um acidente de automóvel. Foi muito difícil, mas eles não se amarguraram. Não desistiram da vida. Continuaram seguindo em frente. Por fim, fundaram uma instituição de caridade em nome dele, chamada Fundação Caleb. Eles construíram orfanatos, hospitais, escolas e fizeram um ótimo trabalho no mundo inteiro. Em um dos três orfanatos Caleb's House no Haiti, havia um jovem que cresceu lá, e se formou no ensino médio. Eles decidiram levar alguns jovens para Austin para estagiar em sua igreja. Um deles reparou na filha de Rob e Laura, Danielle. Eles começaram a namorar e acabaram se apaixonando. Há alguns anos, Danielle se casou com o jovem chamado Fred, que cresceu no orfanato o qual os Kokes fundaram. Tudo isso nasceu da perda do filho deles.

E se Rob e Laura não tivessem estendido a mão para ajudar os outros na hora de necessidade? Poderiam ter vivido amargurados, culpando a Deus. "Não ajudaremos outra pessoa. Precisamos que nos ajudem. Passamos por perda e dor. Precisamos que alguém nos incentive." Ao contrário, a atitude deles foi: *Sim, estamos magoados. Sim, é injusto, mas Deus, sabemos que quando ajudamos os outros, Você nos ajuda. Quando trabalhamos nos problemas dos outros, Você trabalha no nosso.* Eles começaram a plantar sementes, cuidando de órfãos, providenciando educação para os menos afortunados, sendo bons para pessoas sem esperar nada em troca. Eles nem imaginaram, quando iniciaram esse orfanato, que seu genro cresceria lá. Nem sonharam que o jovem seria a pessoa por quem sua filha se apaixonaria e que faria parte da família. Ao ajudar os outros, você pensa que está sendo bom para eles. Você não sabe o que Deus está providenciando. Não pode ser bom para outra pessoa sem Deus ser bom para você em troca. Você não sabe que o favor e as bênçãos ligados a ajudar outra pessoa se elevam.

Fico pensando no que perdemos quando nos concentramos em nós mesmos, quando focamos apenas no que perdemos, como fomos magoados e temos problemas, dizendo:

— Deus, Você precisa me ajudar.

> **Seu milagre está esperando por você quando ajuda os outros.**

Seja uma bênção. Seu milagre está esperando por você quando ajuda os outros. Às vezes, o motivo para não conseguir resolver seus próprios problemas é porque o que você precisa se encontra em resolver o problema de outra pessoa. Como José e os burros, quando você ajuda outras pessoas a terem sucesso, algo que considerava nunca ver de novo acontece. Como Rob e Laura, seu genro está chegando, algo que você não espera está chegando. Como meu pai, novos santuários estão chegando, recursos para realizar seus sonhos. Enquanto ajuda os outros, o que não consegue ver é Deus ajudando você. As coisas acontecem nos bastidores.

Talvez já tenha feito isso. Saiu do seu caminho para ser uma bênção, fez sacrifícios para ser bom para os outros, investiu tempo para ajudar um amigo com problemas. Esteja pronto. Os burros estão chegando. Aquilo em que você acredita já está a caminho. Acredito e declaro que as sementes que você plantou voltarão para você calcadas, sacudidas e transbordantes. Será mais do que você imaginou: mais cura, mais mudança, mais graça.

CAPÍTULO CINCO

Chega de Distrações

Quanto mais envelhecemos, mais percebemos que não ficaremos aqui para sempre. A vida voa. Parece que foi ontem que eu estava no ensino médio e agora que meus filhos se formaram na faculdade penso: *Para onde foram todos esses anos?* Quando percebemos como passa rápido, vem uma sensação de urgência, de foco. Sua missão tem data de validade. Seu tempo no planeta Terra é limitado. Quando chegou a hora de Jesus ser crucificado, as Escrituras descrevem: "E chegada a hora, Ele voltou o rosto para Jerusalém." Chegou o tempo em que Ele não iria mais para o deserto e alimentaria 5 mil pessoas, não esperaria mais no poço pela samaritana, não passaria na casa de Zaqueu para jantar. Essas coisas eram boas naquela época, mas agora Jesus não tinha tempo para distrações de Seu propósito principal. Sua

> **Pare de perder tempo tentando convencer quem está determinado a interpretá-lo mal.**

hora tinha chegado. Deus está dizendo para você:

— Sua hora chegou.

Se quer atingir seu potencial máximo, terá que fazer como Jesus e voltar seu rosto. Não pode se distrair com coisas que impedem o seu propósito.

Você não tem tempo a perder se preocupando com o que as pessoas pensam sobre você. Seu tempo é valioso demais para responder a cada crítica e comentário negativo, tentando convencer as pessoas que você está bem. É uma distração. Nem todos gostarão de você, nem todos o aceitarão. Pare de perder tempo tentando convencer quem está determinado a interpretá-lo mal. Essa pessoa não quer estar do seu lado, e tudo bem. Não se amargure com isso. Você não precisa dela para cumprir seu destino. O inimigo adoraria que você investisse seu tempo e energia tentando convencer alguém que nunca será convencido. Se você muda e faz tudo que o outro deseja, ele ainda encontrará motivos para não gostar de você. Olhe para frente e siga seu caminho. As pessoas que precisam estar ao seu lado estarão lá. Deus já preparou as pessoas que comemorarão com você, que ficarão com você, pessoas que verão o melhor em você.

Olhe para Frente

Muitas vezes, tentamos convencer as pessoas a serem nossas amigas e passarem um tempo conosco. Se alguém não vê a dádiva que você é, se não reconhece seus talentos e valoriza sua amizade, faça um favor a si mesmo e siga em frente. Sem ofensas, mas ela não faz parte do seu destino. Você não precisa dar atenção nem deixar que ela o manipule. Não precisa esperar que ela ligue e o inclua no grupo. As pessoas que Deus tem para você não precisam ser convencidas a gostar de você. Você não conseguirá mantê-las afastadas. Elas serão iluminadas quando você entrar no ambiente. Elas mal podem esperar para estar com você. Elas sairão do caminho para fazer favores. Não invista nem um minuto tentando convencer alguém a ligar para você, a visitá-lo, a passar um tempo com você. Se precisa convencer, não é para você. É uma distração.

"Bem, as pessoas no trabalho dizem coisas negativas sobre mim. Elas tentam me fazer parecer mau." Não é sua função consertá-las. Deixe Deus lutar suas batalhas. Deixe Deus ser seu defensor. Você não deve entrar em cada conflito. Não lute as batalhas que não estão entre você e seu destino. A maioria das coisas que enfrentamos são simplesmente distrações. Você precisa ficar focado e ter disciplina. Precisa dizer:

> **"Evitar contendas é sinal de honra."**

— Não responderei. Não descerei ao seu nível, investindo meu tempo e energia. Tenho um destino a cumprir. Minha hora chegou.

Os Provérbios 20 dizem: "Evitar contendas é sinal de honra." É fácil entrar em conflitos, ser ofendido, ficar chateado e querer pagar na mesma moeda. Isso não requer disciplina. Evitar uma briga, não morder a isca e não ser arrastado para o conflito coloca seu rosto na direção certa. Quando algo é contra você, é preciso se perguntar: "Vale a pena lutar essa batalha ou é apenas uma distração?"

Alguém o corta no trânsito. Vale a pena ficar chateado investindo sua energia emocional, quando nunca mais verá aquela pessoa? O colega de trabalho que o deixa de fora e não lhe dá crédito em um projeto. Você acha que ele pode impedir seu destino? Acha que ele é mais poderoso do que aquilo que Deus determinou para você? Ele é uma distração. O único modo de ele conseguir atrapalhar é você mordendo a isca e entrando em conflito. O melhor a fazer é ignorar. Não perca seu tempo. Olhe para frente. Continue honrando a Deus, sendo o seu melhor. Ele o colocará onde você deve estar.

Vale a Pena a Batalha?

Quando Davi viu Golias insultando o exército de Israel, perguntou qual era a recompensa por matar o gigante. Ele não fugiu e tentou lutar com Golias, porque ele dizia coisas ruins e desprezava os israelitas. Com certeza, Davi não gostava e isso o chateava, mas não se envolvia em batalhas que não estavam entre ele e seu destino. Disseram a Davi que aquele que matasse Golias receberia como esposa a filha do rei e sua família ficaria isenta dos impostos. Com essa única vitória, a linhagem inteira de Davi poderia mudar. Ele iria de uma família de pastores de baixa renda para a realeza. Faria parte da família do rei. Davi pensou: *Vale a pena entrar nessa batalha. É algo em que vale a pena investir meu tempo e energia. Está entre mim e meu destino.* Não estou dizendo para ser passivo e não lutar nenhuma batalha, mas ver o que ganhará em troca. Alimentará apenas seu ego, pagando na mesma moeda e ficando malvisto? Ou o impulsionará a seu destino?

Lutamos muitas batalhas que não importam. "Bem, estão falando de mim. Eu os corrigirei." Mas quando você os corrige, outra pessoa começa a falar. Veja o que eu aprendi: ninguém fala sobre pessoas que não fazem nada. Ninguém tenta desqualificar alguém que não tem influência. Receba como um elogio. O motivo para estarem falando

> *Às vezes, em vez de comemorar com você, as pessoas terão ciúmes, tentarão puxá-lo para baixo e você entrará em conflito.*

é porque você faz a diferença, muda o mundo. Eles podem ver influência, dons e graça em sua vida. Quanto mais a luz brilha, mais há calor. Quanto mais você sobe, mais pessoas podem vê-lo. Às vezes, em vez de comemorar com você, as pessoas terão ciúmes, tentarão puxá-lo para baixo e você entrará em conflito. Não morda a isca. É uma distração. Olhe para frente. Fique focado em seus objetivos.

Antes de Davi lutar com Golias, seu pai pediu que ele levasse uma provisão de comida para seus três irmãos que eram soldados em um campo de batalha. Davi deu a comida a seu irmão mais velho, Eliab, que tinha ciúmes dele. Ele disse na frente dos outros soldados:

— Davi, o que você está fazendo aqui e o que você fez com as ovelhas sob seus cuidados?

Em vez de agradecer a Davi por viajar dias para levar a comida, ele o insultou, tentando diminuí-lo. Agora Davi tinha matado um leão e um urso com as próprias mãos nos campos dos pastores. Ele podia ser pequeno, mas tenho certeza que podia ter cuidado de seu irmão. Não seria um problema para Davi mostrar a todos como ele era durão. Mas Davi pensou: *O que ganho em troca? Que graça tem se eu envergonho meu irmão na frente de seus iguais, como ele fez comigo?* Ele percebeu que isso apenas alimentaria seu ego. Não havia recompensa. As Escrituras dizem que Davi se virou e se afastou. Ele ignorou os insultos de Eliab. Um motivo para falarmos sobre Davi é que ele sabia quais batalhas lutar. Não entrava em todo conflito.

Quando Alguém Não Quer Paz

O apóstolo Paulo diz em Romanos 12: "No que depender de vocês, façam o possível para viver em paz com todas as pessoas." Não significa que você sempre deve estar em paz com todos. Algumas pessoas não querem isso. O irmão de Davi não queria paz. Eliab era ciumento e mesquinho. Ele queria causar confusão. Davi teve que aceitar que seu irmão não ficaria em paz com ele. "Joel, eu não deveria me esforçar mais? Não deveria ser superior?" Sim, mas se você faz de tudo e os outros ainda não querem ter paz, precisa seguir em frente. Você não pode se

> *Você não pode se preocupar com as pessoas que não querem paz.*

preocupar com as pessoas que não querem paz. Sou muito a favor de ser simpático, mas, em algum momento, você precisa dar um basta e dizer:

— Você pode ter problemas comigo, mas não tenho tempo para ter problemas com você. Não é desrespeito, mas não tenho tempo para joguinhos e tentar convencê-lo que estou bem.

A vida é muito curta para você tentar ter paz com pessoas que não querem isso. Você pode ter parentes que ama, mas precisa amá-los à distância. Não se frustre tentando fazer algo acontecer que eles não querem. Isso não é ser desrespeitoso; é ser responsável pelas dádivas que Deus lhe deu.

Minha natureza é ser pacificador. Quero que todos sejam felizes. Eu me esforçarei 400 vezes para ficar em paz. Mas algumas pessoas têm seus próprios problemas. Não convivem bem consigo mesmas, então como conviverão com você? Elas não gostam de quem são, então como gostarão de quem você é? Não importa o que você faça, não será suficiente. Elas encontrarão falhas, serão críticas, tentando fazer você sentir culpa. Se continua tentando agradá-las, continua se curvando, investindo todo seu tempo e energia para tentar mantê-las felizes, tudo o que está fazendo é deixá-las controlar você. Seja gentil, mas não se

Chega de Distrações 95

distraia tentando ficar em paz com alguém que realmente não quer isso. Todos nós temos pessoas em nossa vida que são como o irmão de Davi. Elas não gostam de vê-lo feliz, indo a lugares, subindo alto. Não se trata de você, se trata da graça em sua vida, da bênção de Deus em você. Não leve para o lado pessoal. Olhe para frente.

Você não cumprirá seu destino tentando manter todos felizes. As pessoas que mais tiram da sua vida são as que retribuem menos. São pessoas de alta manutenção. Elas esperam que você sempre esteja lá para ajudá-las, encorajá-las, atendendo a cada demanda, mas quando você precisa, nunca estão por perto. Estão muito ocupadas. Se essa amizade é unilateral, em que tudo o que elas fazem é pedir e nada dar, você precisa mudar. Ouvi dizer que você deve parar de cruzar oceanos sendo bom para alguém que não pula uma poça para ser bom para você. Se essas pessoas ficam ofendidas porque você não pode atender a cada expectativa, elas não são amigas de verdade. Só querem você para o que você pode fazer por elas. Essas pessoas são distrações. Você precisa romper aos poucos com esse tipo de gente. Você não foi criado para ser controlado pelos outros, sem ser capaz de buscar seus sonhos e ter tempo para fazer o que Deus colocou em seu coração. "Joel, e se elas ficarem chateadas? E se ficarem magoadas?" Prefiro desapontar algumas pessoas a desapontar Deus. Quando você chegar

> *Você não foi criado para ser controlado pelos outros, sem ser capaz de buscar seus sonhos e ter tempo para fazer o que Deus colocou em seu coração.*

ao final da vida, não prestará conta às pessoas do que fez com seu tempo, talentos e recursos. Prestará conta a Deus.

Saia de uma Dívida Falsa

Romanos 13 dizem: "Não deviam nada a ninguém. A única dívida que vocês devem ter é a do amor uns para com os outros." A única coisa que você realmente deve às pessoas é seu amor. Isso não inclui andar por aí com um falso senso de responsabilidade, pensando que você precisa manter todos felizes, deixando que as pessoas coloquem demandas em suas costas, fazendo-o sentir-se em dívida. "Tenho que manter você firme, mantê-lo animado. Tenho que ligar todo dia ou você ficará chateado. Tenho que assegurar que eu chamo sua atenção ou você não será meu amigo." Isso carrega uma dívida que você não possui. Sempre tenha respeito, mas não passe a vida tentando agradar a todos. Se você tenta manter todos felizes, a única pessoa que não ficará feliz é você. Saia dessa dívida. Seja gentil, se esforce, mas pare de agradar as pessoas.

Quando eu era mais novo, foi difícil aprender porque eu queria que as pessoas gostassem de mim. Eu saía do meu caminho, fazia qualquer coisa por elas. Finalmente aprendi o que estou dizendo para você, que não importa o quanto você faça, não importa o quanto é bom, algumas pessoas encontrarão falhas e nada será suficiente. É muito libertador quando você percebe que não é responsável por manter os outros felizes. Você é responsável por se manter feliz. Não significa que deve viver com egoísmo e pensar apenas em si mesmo, mas não tenha a falsa sensação de responsabilidade pensando que a felicidade do outro depende de você.

> **É muito libertador quando você percebe que não é responsável por manter os outros felizes.**

No Capítulo 2, escrevi sobre os amigos que me levaram a sair do caminho para ajudar. Se esse casal precisasse de algo, eu estava sempre disponível. Eu ligava e via como estavam. Mas o sentimento que eu recebia deles, mesmo depois de ter dado dinheiro para ajudar na mudança para outra cidade, foi que eu nunca fazia o bastante. Eles nunca estavam satisfeitos e sempre tinham uma reclamação. Estavam constantemente encontrando falhas, tentando me fazer sentir culpa. Eu estava muito preocupado que eles ficassem chateados e não gostassem de mim. Até que um dia me ocorreu que eles nunca contribuíam na minha vida; apenas recebiam. Fui gentil, mas parei de deixar que eles me controlassem. Quando parei, você pode imaginar que eles ficaram horrorizados. Tentaram me fazer sentir culpa e envergonhado. Eu pensei: *Amo vocês, mas não devo mais nada.*

Libertação das Pessoas

Se pessoas controlam você, não é culpa delas, mas sua. Você precisa mudar. A hora é agora. Você não pode atingir seu destino arrastando pessoas pelo caminho, sentindo-se responsável por manter todos felizes. Seu tempo é valioso demais para você andar por aí tentando descobrir como agradar a todos. Conheço pessoas que passam mais tempo se preocupando com o que as pessoas pensam sobre elas do que focando em seus próprios sonhos e metas. É ótimo se libertar de vícios, da depressão, da doença, mas uma das maiores libertações é quando você se livra das pessoas. Todos têm opiniões próprias e atualmente é mais fácil do que nunca expressá-las. Em segundos, nas

> *Se pessoas controlam você, não é culpa delas, mas sua.*

redes sociais, as pessoas podem dizer o que pensam sobre você, o que você deve vestir, como deve educar seus filhos, como gastar seu dinheiro e o que faz de errado. As pessoas que não conseguem administrar a própria vida são rápidas em dizer como você vive a sua.

É bom receber opinião e ouvir conselhos sábios, mas ninguém pode ouvir o que está dentro de você. Os outros podem ser bem-intencionados, mas não sabem o que Deus colocou em você. Eles não conhecem os sonhos, os desejos ou sua vocação. Você precisa ter coragem para seguir o que está em seu coração. Não pode se preocupar com o que os outros pensarão. *E se não concordarem? E se ficarem ofendidos?* Se alguém fica chateado porque você não aceita seu conselho, o problema é da pessoa. Se viver segundo as opiniões dos outros, nunca se tornará quem você foi criado para ser, pois as pessoas tentarão mantê-lo dentro dos seus limites, no que elas acham que você deve ser.

É como um avô, sobre quem eu ouvi falar, que levou seu netinho para a cidade em um burro. Ele começou deixando o neto montado no burro e caminhava ao seu lado. Alguém passou e disse:

— Que garoto egoísta, fazendo o senhor andar.

O avô ouviu, tirou o garoto do burro e montou, com o neto caminhado ao seu lado. Alguém passou e disse:

— Veja aquele homem fazendo o garotinho andar enquanto ele segue montado.

Ouvindo isso, o avô puxou o garotinho e eles seguiram montados no burro. Em minutos, outra pessoa disse:

— Como esses dois são cruéis, colocando uma carga pesada no burro.

Quando eles chegaram à cidade, o avô e o neto carregavam o burro.

Todos têm direito a uma opinião e você tem o direito de não aceitá-la. Não importa o que você faça, algumas pessoas não entenderão. Você está carregando o burro, pressionado, sendo o que as pessoas querem que seja, sem querer desapontar ninguém? É hora de colocar o burro no chão. Comece a percorrer seu caminho. Siga o que Deus colocou em seu coração.

> *Todos têm direito a uma opinião e você tem o direito de não aceitá-la.*

Não se Molde à Outra Pessoa

Quando meu pai foi estar com o Senhor e eu passei a ser pastor em 1999, muitas pessoas me aconselharam. Elas diziam como administrar a igreja, como ser ministro e em qual direção eu deveria seguir. Um ministro muito importante que conhecíamos há tempos me chamou e disse o que eu deveria fazer. Tenho respeito por ele e suas opiniões, mas nada que ele me disse dava testemunho dentro de mim. Eu me senti pressionado a ser o que ele queria que eu fosse, me senti pressionado para ser o que os outros queriam que eu fosse. Eram opiniões boas de pessoas boas, mas lá no fundo eu sabia em qual direção deveria ir. Eu não sabia como seria, mas pensei: *Não me moldarei à outra pessoa.* Quando disse ao importante ministro que o que ele compartilhava comigo não era o que estava em meu coração, ele achou que eu estava cometendo um erro. Não concordou. Mas eu sabia que quando eu chegasse ao fim, ele não estaria no trono. Eu não tinha que atender a ele. Fiz o que estava no meu coração e Deus me levou mais longe do que jamais sonhei.

Não deixe ninguém moldar você. Deus está fazendo algo novo. Ele o leva mais longe do que seus pais, mais longe do que aqueles antes de você. Ouça Seus conselhos, mas seja forte e siga aquela vozinha interna. Ninguém pode ouvir a direção de Deus para sua vida como você. Deus não dá a outras pessoas mais insight sobre seu destino do

> **Não deixe ninguém moldar você. Deus está fazendo algo novo.**

que Ele dá a você. Os outros podem ver coisas, mas Deus fala com sua alma. Por vezes, as pessoas não o entenderão. Elas não gostam quando você sai da caixa. Alguém disse para mim:

— Joel, gosto dos velhos tempos. Você se esqueceu de onde veio.

Pensei: *Não esqueci. Só não quero ficar lá.* Deus é um Deus do progresso. Não fique preso na tradição, em como era. *O que eles pensarão? E se não aceitarem? E se não me aprovarem?* Você não precisa da aprovação dos outros. O Altíssimo o aprovou. O Único que lhe deu o sopro da vida o aceitou.

Você precisa olhar para frente. A hora é agora. Existe grandeza em você. Deus está chamando-o para que saia do comum, do passado, de como costumava ser. Ele tem coisas em seu futuro que romperão as barreiras. Você irá onde ninguém da sua família esteve. Será inusitado, incomum. Nem todos entenderão e algumas pessoas verão falhas em você, tentarão desacreditá-lo e

> **Deus está chamando-o para que saia do comum, do passado, de como costumava ser.**

pensarão que você não está vendo. Tudo bem. Ninguém que fez algo grandioso fez sem oposição, crítica, sem pessoas pensando que estava fora do curso. Olhe para frente.

Não Tente Agradar a Todos

Meu pai sempre dizia que ele nunca mudaria Lakewood de seu local original. Quando me tornei pastor, não pensei em mudar também. Eu era jovem e novo. Não comprometeria o sistema. Mas precisávamos de um lugar maior e quando procuramos um terreno por perto, não deu certo. Então o Compaq Center ficou disponível, cerca de 20 minutos do local original. Eu sabia que seria nosso. Senti com força em minha alma, mas não sabia o que os membros da igreja pensariam. Durante aqueles anos todos, eles ouviram meu pai dizer que ele não se mudaria. Os pensamentos sussurraram: *Não está certo. As pessoas não entenderão. É melhor ficar dentro da caixa.* Sentia algo em meu espírito, mas minha mente me dizia o contrário. Certo dia ouvi algo lá dentro dizer:

— Seu pai falou que nunca se mudaria, mas eu nunca disse que você não faria isso.

Foi tudo do que eu precisava. Anunciei que insistiríamos no Compaq Center.

Quase 100% das pessoas ficaram a favor, mas um homem se aproximou, bem chateado.

— Joel, seu pai disse que ele nunca mudaria a igreja. Não está certo, você está cometendo um erro. Se você mudar, não irei junto.

Algumas pessoas não aceitarão a novidade que Deus colocou em seus corações. Elas ficam presas no passado, quando Deus está dizendo como é agora. É muito maior. É um novo nível. É uma influência maior. É uma graça incomum. É algo nunca visto. Não deixe o medo do que as pessoas pensarão mantê-lo dentro da caixa.

> **Elas ficam presas no passado, quando Deus está dizendo como é agora.**

É um motivo para o rei Saul ter perdido o trono. Deus lhe disse para fazer certas coisas, que ele fez apenas em parte. Quando o profeta Samuel o confrontou, Saul disse:

— Desobedeci às instruções do Senhor porque tive medo das pessoas, então fiz o que elas pediram.

Saul sabia o que era certo fazer. Deus tinha colocado grandeza nele e Ele o levaria a lugares incríveis, mas Saul não quis desapontar as pessoas. Ele não quis comprometer o sistema. Você não pode agradar a todos e atingir seu potencial. As pessoas tentarão moldá-lo ao que estão habituadas, aos seus pensamentos. Aceite o conselho, ouça a orientação, mas talvez desaponte algumas pessoas para chegar ao seu destino.

Pare de Ter
Medo das Pessoas

Em Gênesis 12, Deus disse a Abraão para deixar seu país, parentes e a casa do seu pai, indo para a terra de Canaã. Abraão pegou seus pertences, ovelhas e bois, mas quando partiu, levou consigo seu sobrinho Ló. Deus tinha dito para ele deixar os parentes. Talvez ele tenha pensado que Ló ficaria ofendido, que magoaria seus sentimentos. Abraão sabia o que era certo fazer, mas teve medo de que alguém pudesse não entender. Quando chegaram a Canaã, a terra não podia manter ambos, suas ovelhas e bois. Seus pastores começaram a discutir, levando a conflitos e divisões. Foi porque Ló não deveria estar lá em primeiro lugar. Por fim, Ló foi para uma parte diferente do país. As Escrituras dizem: "Depois de Ló ir embora, Deus falou com Abraão e disse: 'Olhe ao redor. Toda a terra que você pode ver Eu lhe darei.'"

O interessante é que Deus não falou até após a partida de Ló. Quando Abraão finalmente fez o que ele sabia ser o certo e Ló se afastou, Abraão foi abençoado. Você tem Lós em sua vida? Está deixando o medo do que as pessoas pensarão deter você? *E se elas ficarem chateadas? E se mudarmos a igreja? E se elas não me entenderem?* Isso o impede de ouvir a boa nova que Deus tem para você? Por que você não se livra de Ló? Pare de ter medo das pessoas. Pare de deixar que elas o moldem. Não fique preso à tradição, ao passado. Deus tem bênçãos que você não vê. Ele tem melhorias que você não imaginou.

> **Você tem Lós em sua vida?**

Agora faça a sua parte e livre-se das distrações. Chega de viver agradando as pessoas. Pare de se preocupar com o que os outros pensam. Chega de batalhas que não importam. A hora é agora. É o momento de focar. É hora de olhar para frente. Se fizer isso, acredito e declaro, como Abraão, que você verá graça sem precedentes, novas portas ser abrirão, conexões divinas, cura e mudanças.

CAPÍTULO SEIS

Pronto para Ascender

Todos nós enfrentamos fatos na vida que tentam nos puxar para baixo. É fácil perder a paixão e pensar que é assim desde o início dos tempos. Mas Deus não o criou para ser vencido, Ele o criou para ser vencedor. Ele colocou algo em seu espírito chamado "recuperação". Recuperação significa que quando você é derrubado, não fica no chão. Há uma força soprando em sua direção, fazendo acontecer o que você não poderia realizar, dando-lhe a força que não tinha. Ela faz você se levantar. Faz você ir para o alto. Como você se recupera, a dificuldade não pode vencê-lo. Pode detê-lo temporariamente, mas é só

> **Deus não o criou para ser vencido, Ele o criou para ser vencedor.**

uma questão de tempo até você se erguer de novo. Podem existir forças contrárias a você no momento. Os pensamentos dirão: *Você nunca ficará bem. A pandemia destruiu suas finanças. Você sempre lutará com esse vício.* Não acredite nessas mentiras. Talvez esteja para baixo, mas esse não é o destino final. Deus está dizendo:

— Fique pronto para o alto. Fique pronto para a graça, a mudança, a cura.

O que era para prejudicá-lo, Deus transforma em vantagem.

O profeta Miqueias diz: "Inimigos, não zombem de mim! Quando eu cair, eu me levantarei." Ele não estava reclamando sobre o problema nem ficou desanimado por ter caído, pois entende o princípio de que há recuperação em seu espírito. No meio da dificuldade, ele falava de vitória. Se quiser sair do desafio, precisará fazer como Miqueias e dizer:

> *Quando declara "Eu me levantarei", os anjos dizem amém.*

— Este problema não veio para ficar. Ele passará. Deus é por mim mais do que o mundo contra mim. Eu me levantarei.

Quando diz isso, as forças das trevas tremem. Quando

declara "Eu me levantarei", os anjos dizem amém. Chega de "Nunca mudará. Meu negócio nunca dará certo. Meu filho nunca voltará para o caminho certo." Não diga nada. Se falar em derrota, terá derrota. Diga como Miqueias: "Sim, tive dificuldades. Não nego o problema e não estou agindo como se ele não existisse. Tudo que estou dizendo é que não ficarei assim. Eu me levantarei. Verei a bondade de Deus. Os dias atuais serão melhores do que os dias anteriores."

Deus não o trouxe até aqui para abandoná-lo. Ele não o deixará ter problemas se não puder resolvê-los. A pessoa que foi embora não impediu seu destino. Pare de lhe dar tanto poder, pensando que ela arruinou sua vida. Deus tem alguém melhor. Davi diz:

— Deus me tirou do poço e firmou meus pés na rocha.

Você pode estar no fundo poço, por assim dizer; não vê saída. A boa notícia é que não precisa sair sozinho. O Altíssimo o tirará. Ele o libertará desse vício. Ele mudará o laudo médico. Abrirá novas portas, trará novas oportunidades

> *Deus não o trouxe até aqui para abandoná-lo. Ele não o deixará ter problemas se não puder resolvê-los.*

e novos relacionamentos. Esse poço não é seu destino. Fique pronto para o alto.

O apóstolo Paulo diz: "O mesmo Espírito que ressuscitou Cristo dos mortos vive dentro de você." As forças das trevas fizeram o máximo para deter Jesus, mas não conseguiram impedi-lO de ressuscitar. Isso significa que nada que você enfrenta, nenhum desastre natural, doença, vício, sonhos perdidos, pode impedi-lo de alcançar seu propósito. O inimigo pode ter feito o melhor, mas o melhor nunca será suficiente.

O Poder da Recuperação

Há alguns anos, houve um grande furacão em Houston. Reparei nas diferentes espécies de árvores que foram derrubadas. Carvalhos enormes com 1m a 1,5m de diâmetro. Vi pinheiros com 30m de altura caídos nos quintais. Árvores grandes e pequenas, nenhuma delas aguentou a força dos ventos. Só houve uma espécie que não caiu. Foi a palmeira. É porque Deus criou a palmeira para aguentar as tempestades. Diferente das outras árvores, a palmeira consegue se curvar para não quebrar. Certa espécie consegue se curvar a ponto do topo quase tocar no solo. Durante o furacão, ela fica curvada por três ou quatro horas, parecendo que foi arrancada. Mas quando o vento diminui, ela volta a ficar ereta como antes. Todas as outras árvores continuam no solo. Qual a diferença? Deus colocou a recuperação na palmeira. Ela pode ser derrubada, mas apenas temporariamente.

O Salmo 92 diz: "Os justos florescerão como a palmeira." O motivo para Deus ter escolhido uma palmeira, não o carvalho ou o pinheiro, é que Ele sabia que passaríamos pelas tempestades. Sabia o que tentaria nos empurrar para baixo e impedir nosso destino, então Ele diz:

— Irei criá-lo como uma palmeira. Colocarei a recuperação em seu espírito.

Você pode passar por dificuldades, perdas ou decepções, mas, em algum momento, os ventos pararão, a tempestade passará e, como a palmeira, você voltará a ficar de pé. Você pode se curvar agora. Enfrenta desafios e os pensamentos dizem que nunca dará certo. Fique pronto para o alto. Você tem o poder da recuperação. Quando a tempestade passar, você não ficará deitado, derrotado e abatido. Você se erguerá

> *Você pode passar por dificuldades, perdas ou decepções, mas, em algum momento, os ventos pararão, a tempestade passará e, como a palmeira, você voltará a ficar de pé.*

saudável, abençoado e próspero. Nem parecerá que passou por tudo isso. Ninguém dirá que teve dificuldades. O que amo em Deus é que Ele não só o ajuda na tempestade, Ele faz o inimigo pagar pelos problemas causados.

Quando a palmeira se curva durante o furacão, você poderia pensar que isso danifica a árvore e a torna mais fraca, mas pesquisas mostram exatamente o contrário. Quando a árvore é derrubada e entortada pelos ventos, as raízes se fortalecem e lhe dão novas oportunidades de crescimento. Após a tempestade, quando a palmeira volta a ficar ereta, ela fica mais forte do que antes. Quando sair da tempestade, quando se reerguer, você não será o mesmo. Estará mais forte, saudável, melhor e pronto para um novo crescimento.

Nos momentos difíceis, você precisa se lembrar: "Posso me curvar, mas não vou quebrar." Deus não o deixará enfrentar nada maior que sua capacidade. Pode haver algo contra você, mas ficar caído não é seu destino. A derrota não é como termina sua história. Doença, problemas e não ter o bastante não são situações permanentes. Eu acredito que agora os ventos estão começando a diminuir. As forças que o atrapalharam estão sendo interrompidas. Os poderes das trevas estão sendo repelidos. Você verá mudanças, liberdade, alegria e vitória.

Aguarde e Veja
O que Acontecerá

O profeta Miqueias lista tudo de negativo que aconteceu com ele. Em Miqueias 7, ele falou como ficou oprimido com a tristeza e como passou por maus bocados. Muito deprimente. Se parasse por aí, não estaríamos lendo sobre ele. Mas continua: "Mas quanto a mim, não estou desistindo. Ficarei para ver o que Deus fará. Sei que Ele fará o certo." Ele teve uma atitude de fé que diz:

— Vim de muito longe para parar agora.

Ele esperava que Deus mudasse o jogo. Por isso conseguiu dizer para seus inimigos:

— Não se alegrem quando eu cair. Eu me levantarei.

Às vezes, estamos na tempestade por tanto tempo que esquecemos como é ficar de pé. O inimigo adoraria nos convencer a nos conformar e ficar curvados, vivendo perturbados, ressentidos com quem nos magoa, pensando

> *O inimigo adoraria nos convencer a nos conformar e ficar curvados, vivendo perturbados, ressentidos com quem nos magoa, pensando que nunca seremos felizes de novo.*

que nunca seremos felizes de novo. Precisamos agir como Miqueias e dizer:

— Sim, tive momentos ruins. Sim, a vida me reservou algumas surpresas. Mas não desistirei dos meus sonhos. Não me contentarei com a mediocridade. Ficarei para ver o que Deus fará. Sei que Ele fará o certo.

Não seja dissuadido de seus sonhos. Não deixe que os atrasos, a infância injusta ou as tempestades inesperadas o convençam que já teve seus melhores dias. Deus fará algo. O que parece um obstáculo é parte de Seu plano. Talvez Ele não tenha enviado a dificuldade, mas Ele não a permitiria se o impedisse de chegar ao seu destino. Se tiver essa atitude de fé, Deus fará as coisas certas em sua vida. Ele restaurará o que o inimigo tentou roubar. Ele pagará de volta pelos erros. Abrirá portas que você não abriu. Ele o levará ao seu destino.

Mantenha a Fé

Mencionei antes que em Gênesis 37, quando José era adolescente, Deus mostrou em sonho que ele seria líder e teria grande influência. Ele tinha dez irmãos mais velhos, mas era o filho favorito de Jacó. Como José era temporão, Jacó o tratava de modo diferente. Até tinha um manto colorido especial feito para José. Tenho certeza de que José tinha orgulho daquele manto. Ele o fazia se destacar e lhe dava prestígio. Os irmãos tinham ciúmes de José. Eles não gostavam do tratamento especial que ele recebia nem do fato que tinha uns sonhos, que o faziam pensar que faria algo grandioso. Certo dia, seu pai pediu que José fosse para outra cidade ver como estavam os irmãos que estavam alimentando o rebanho. Quando eles viram José vindo à distância, usando o manto colorido, concordaram que era a grande chance de matá-lo. Mas um dos irmãos persuadiu o resto a apenas pegar o manto de José e jogar o rapaz no poço. Eles colocariam sangue no manto e diriam ao pai que ele tinha sido comido por um animal selvagem.

Nessa altura, uma caravana de ismaelitas passava. Os irmãos decidiram vender José como escravo, em vez de deixá-lo no poço para morrer. É interessante como Deus sempre traz as pessoas certas no momento certo. Essa caravana estava viajando há meses. Eles tinham partido de casa muito tempo antes de José sair para ver os irmãos, mas Deus tinha tudo planejado. Ele conhece suas necessidades, quando precisará de algo e quem estará perto para ajudá-lo. Você não precisa se preocupar. Deus tem tudo preparado. Ele o fará chegar ao seu destino. Ninguém pode impedi-lo,

> **Ele não só está no controle de sua vida, como também controla as circunstâncias à sua volta.**

nem os maus momentos ou a injustiça. Deus guia os seus passos. Ele não só está no controle de sua vida, como também controla as circunstâncias à sua volta.

José passou de filho favorito, usando o manto colorido, a escravo em uma terra estrangeira, trabalhando para um egípcio chamado Potifar. Anos se passaram e José continuava fazendo o certo, sendo bom para as pessoas que não eram boas para ele. Posso imaginar que, em muitas noites solitárias, ele pensou em sua casa, no manto que tinha e em seu significado. Seus olhos se enchiam de lágrimas. Os pensamentos teriam sussurrado: *Não é justo. Você nunca realizará seu sonho, nunca mais verá seu pai e nunca terá aquele manto colorido.* Mas posso ouvir José rezando intimamente: "Pai, obrigado. O que iniciou na minha vida, terminará. Não vejo saída, mas sei que Você tem uma. Acredito que me levantarei de novo. O que Você me prometeu, acontecerá."

Treze anos após José ser jogado no poço, o faraó teve um sonho ruim e nenhum mágico nem sábio conseguiu interpretar seu significado. José estava preso injustamente e um dos antigos colegas de cela lembrou que ele podia interpretar sonhos. Eles levaram José ao palácio e ele disse ao faraó que o sonho tinha relação com a provisão de comida, que eles precisavam armazenar gráos e se preparar para a fome. O faraó ficou muito impressionado com José. Quando seus conselheiros discutiram sobre quem deveria ser indicado para uma nova posição, o faraó falou:

— Ninguém melhor que José.

Ele colocou José responsável pela nação inteira dizendo:

— Ninguém poderá levantar a mão nem o pé em todo o Egito sem sua aprovação.

O faraó pediu que seus homens trouxessem um manto real para José. Ele tirou as roupas da prisão, tirou as roupas de escravo e colocou o manto de honra, o manto de influência, o manto de autoridade.

Desapegue do Manto Colorido

Imagine agora José pensando sobre o manto que seus irmãos tiraram dele, o manto que representava uma graça. Ele ficou desapontado na época. Ele o queria de volta. Não parecia justo, mas agora percebia que sem perder o manto colorido, nunca teria tido o manto de autoridade, o manto que dizia: "Estou no comando de uma nação." Se soubesse o que Deus tem guardado para você, não ficaria desaminado com o manto colorido que lhe foi tirado, o trabalho que não deu certo, a pessoa que o abandonou, o empréstimo que não foi aprovado. Se pudesse ver o manto de autoridade que está por vir, o manto de influência, de abundância e de graça sem precedentes, não ficaria amargurado, chateado com o tempo passado no poço nem frustrado com o que perdeu. O que Deus tem em seu futuro é tão incrível que você nunca mais reclamará do passado. Você pode estar para baixo agora, mas, como José, fique pronto para o alto. A graça que está por vir será como nunca vista. Deus fará algo inusitado, incomum, que o catapultará a um novo nível. Sua história não termina com o manto colorido que perdeu. Não termina com um sonho que não deu certo, uma relação que não sobreviveu, nem um negócio que faliu.

O manto colorido estava apenas anunciando o que Deus faria para José. Era temporário. Não deveria durar. Se a porta fechou, aceite e siga em frente. Não passe sua vida desejando que o manto colorido volte quando Deus tem algo muito melhor em seu futuro. Não fique amargurado porque alguém o jogou no poço. Deus

> *Sua história não termina com o manto colorido que perdeu.*

viu quando a pessoa o traiu, trapaceou no negócio ou um sonho não deu certo. Ele não deixaria que a pessoa pegasse o manto colorido, não deixaria que os maus momentos acontecessem, se isso o impedisse de chegar ao seu destino.

Quantos de nós ansiamos pelo manto colorido? Desejando voltar para quando sabíamos ser favorecidos, antes do obstáculo, do problema de saúde, da pandemia. Veja o segredo: Não ter o manto colorido não significa que você não é favorecido, mas que uma graça maior está chegando. Você teve que perder o manto para entrar no futuro incrível que Deus tem guardado. Você não vê, ouve, nem imagina onde Deus o está levando. Se parece que está no poço, tudo bem, porque o poço o levará ao palácio. Se surgir um obstáculo, tudo bem, porque Ele está preparando-o para uma honra maior, maior influência, maior autoridade. Não fique amargurado, desejando o manto colorido. Fique pronto para as coisas grandiosas que Deus fará.

José ficou responsável pela provisão de comida. Havia muita fome na Terra e o único lugar que tinha grãos era no Egito. Certo dia, os irmãos de José, os mesmos que o jogaram no poço, saíram de Canaã em direção ao palácio buscando

> *Você não vê, ouve, nem imagina onde Deus o está levando.*

comprar comida. José apareceu, mas eles não o reconheceram. A última vez em que o viram, ele estava no poço, abatido, sem futuro, mas Deus tem a palavra final. Eles conheciam o José do poço, mas agora ele era bem-sucedido, tinha tanta influência e prestígio que eles não o reconheceram. É assim que Deus o defende. Quando Ele o erguer, você será tão abençoado, tão agraciado, que seus inimigos não o reconhecerão. Treze anos antes, José estava por baixo e seus irmãos por cima. José estava no poço e eles estavam lá em cima. Agora José estava no alto e seus irmãos, por baixo. José estava no comando e eles, necessitados. Quando permitir que Deus lute suas batalhas, haverá um dia, como com José, em que o jogo mudará. Você estará por cima e aqueles que tentaram impedi-lo ficarão por baixo. Deus sabe como fazer as coisas certas.

Você pode estar em um momento difícil, mas aguente firme e veja o que Deus fará. Continue acreditando, orando e sonhando. Sua hora vai chegar. O poço é apenas temporário. A depressão, a doença ou a carência não é o fim de sua história. Deus trabalha nos bastidores. Você está mais perto do que pensa. Acontecerá mais cedo do que parece. Deus o surpreenderá. Certa manhã, José acordou na prisão e parecia outro dia comum. Algumas horas depois, ele era primeiro-ministro do Egito. Não houve nenhum sinal do que aconteceria. É como Deus trabalha. Muitas vezes, você não vê nada acontecendo e, de repente, tudo entra nos eixos — sua saúde melhora, você encontra a pessoa certa, é promovido.

> *Certa manhã, José acordou na prisão e parecia outro dia comum. Algumas horas depois, ele era primeiro-ministro do Egito.*

Levantai-vos, Senhor

O Salmo diz: "Levantai-vos, Senhor, e sejam dispersos os inimigos." Significa que você precisa permitir, ser resoluto em pensamento. Quando permite que o Senhor se levante, torna-O maior do que os problemas, que as doenças, que os problemas financeiros. Você se concentra em Sua grandeza. Pensa em Seu poder. Fala como Ele cuidou de você no passado. Você passa a se gabar do que Ele fez, declarando Suas promessas. "Nenhuma arma usada contra mim prosperará. O que foi feito para meu mal, Deus transformará em vantagem para mim." Quanto maior tornar Deus, menores serão seus problemas e mais fé terá em seu coração.

Mas o inimigo sempre tenta causar problemas para nós. Talvez seu filho siga o caminho errado. É fácil falar que ele não toma boas decisões, como nunca chegará ao seu destino e como você não sabe o que fez de errado. Você está deixando o erro crescer. Vire o jogo e comece a deixar Deus crescer. "Pai, obrigado por olhar por mim e minha casa, nós servimos ao Senhor. Obrigado por meus filhos serem valorosos nessa terra. Obrigado por minha semente, a semente da retidão, ser abençoada." Deixe Deus se levantar. É o que faz tudo mudar. Quando você fala em derrota, coloca a derrota em cena. Mas quando fala em vitória, Deus entra em cena. Ele criou o Universo. Lançou estrelas no espaço. Não há nada que Ele não possa fazer.

Talvez você esteja com problemas financeiros, seus negócios estão devagar ou foi demitido. Você pode deixar a derrota se levantar, ficando desanimado e preocupado, ou pode deixar Deus se levantar. "Pai, obrigado por eu emprestar e não pedir emprestado. A economia não é minha fonte, mas Você, sim. Você disse que eu prosperaria mesmo no deserto." Quando você deixa Deus se levantar, as Escrituras dizem que seus inimigos serão dispersados. Depressão, desprovimento e problemas não podem contra nosso Deus. Quando você O deixa se levantar, as correntes que o prendiam são quebradas, os problemas que pareciam permanentes mudarão. Quando Deus se levanta, a graça chega, novas portas se abrem e o que você não podia fazer acontecer, acontece.

A pergunta é: Você deixará Deus ou os problemas se levantarem? Ao longo do dia, é importante manter o cântico de louvor em seu coração. Em vez de se preocupar, pensando em tudo que deu errado e o que poderia não dar certo. Em seus pensamentos, você precisa dizer: "Senhor, obrigado por tudo que Você pode fazer. Não há montanha que não possa

> *Você deixará Deus ou os problemas se levantarem?*

mover. Você cria meios, mantém as promessas, faz milagres." Reserve o mesmo tempo que normalmente teria para se preocupar e o transforme em louvor. Não é ser apenas otimista, mas deixar Deus se levantar. É o que permite à força mais poderosa no Universo a trabalhar em seu nome.

Pegue o Manto que Lhe Pertence

"Bem, Joel, tudo isso parece bom, mas não acho que me levantarei de novo. Cometi muitos erros. Ninguém me fez mal como os irmãos de José. Eu causei os meus problemas." Jesus contou uma história sobre um jovem em Lucas 15. Ele pediu para o pai antecipar sua herança, saiu de casa e gastou todo o dinheiro com festas, rebeldias e tomando decisões ruins. Quando o dinheiro acabou, ele conseguiu trabalho alimentando porcos em um campo. Ficou tão desesperado e faminto, que precisou comer a comida dos porcos para

> *O filho pródigo precisou tomar a decisão de não ficar sentado desanimado, derrotado, pensando nos erros cometidos.*

sobreviver. Certo dia, estava sentado deprimido, com raiva de si mesmo, sentindo-se condenado. Ele começou a pensar em sua casa, em como até os empregados de seu pai tinham uma refeição quente todo dia. Eles tinham muita comida, enquanto ele estava no campo faminto. As Escrituras dizem: "Caindo em si ele disse: 'Vou levantar e ir para a casa do meu pai.'" Ele decidiu que não ficaria ali derrotado. Não ficaria sentado, sentindo-se deprimido, culpado, recriminando-se. Ele iria para casa.

Ele não sabia como seu pai o receberia. Não sabia se seu pai lhe diria para sair da propriedade. Mas quando o pai o viu à distância, correu em direção ao filho, abraçou-o e beijou-o. O filho vestia roupas sujas e fedendo a porcos. A primeira coisa que o pai disse foi:

— Tragam a melhor roupa e o vistam.

Não era qualquer roupa, mas uma nunca usada, não era de segunda mão. Não, era a melhor roupa. O interessante é que Deus deu a José um manto real de influência, de autoridade e Ele deu a esse jovem um manto de honra, de graça. Ambos se libertaram do que os prendia. A diferença entre os dois é que Deus fez José se levantar. Ele não precisou fazer nada. Apenas continuou honrando a Deus, sendo uma pessoa melhor e o faraó o chamou. Mas o filho pródigo precisou tomar a decisão de não ficar sentado desanimado, derrotado, pensando nos erros cometidos. Se ele não tivesse dito "Eu me levantarei", nunca teria visto o manto da graça.

Eu me pergunto se você fica esperando que Deus faça algo quando Ele espera que você diga:

— Eu me levantarei. Não passarei a vida me recriminando, condenando-me. Sim, cometi erros, mas sei que estou perdoado. Sei que fui redimido.

Se você se levantar, haverá um manto de graça esperando-o, um manto de honra. Os erros cometidos não anularão seu destino. Pare de ouvir o acusador lembrando-o de tudo que fez de errado. Deus já o perdoou. Agora se perdoe e siga em frente. É hora de se levantar e ir à casa do pai. As Escrituras dizem: "Uma boa pessoa cai sete vezes, mas levanta-se outra vez." Recupere sua vida. Recupere sua paixão. Nada do que fez é demais para

> **Se você se levantar, haverá um manto de graça esperando-o, um manto de honra.**

a misericórdia de Deus. Ele sabia sobre cada erro que cometeríamos. Ele já levou em conta nossos enganos. Ele tem um plano até para quando falhamos. Agora levante e vá pegar o manto que lhe pertence. Você ainda pode se tornar quem foi criado para ser.

Quando o vento soprar em sua vida, quando chegar a tempestade, lembre-se deste princípio: Há uma recuperação em seu espírito. Você pode se curvar, mas não quebrará. Como a palmeira, você voltará a ficar de pé. Ao longo do dia, deixe Deus em seus pensamentos. Continue agradecendo por Suas promessas, tornando-O maior do que aquilo que enfrenta. Se agir assim, acredito e declaro que, como José, você verá promoção, defesa e mudança. Deus fará acontecer o que você não vê se aproximar. Você pode ter perdido o manto colorido, mas fique pronto para o manto da autoridade, da influência, da graça.

AGRADECIMENTOS

Neste livro, mostro muitas histórias que amigos, membros da congregação e pessoas que conheci pelo mundo compartilharam comigo. Valorizo e agradeço suas contribuições e apoio. Algumas pessoas mencionadas no livro não conheci pessoalmente e, em alguns casos, mudamos os nomes para protegermos suas privacidades. Honro todos os que merecem ser honrados. Como filho de líder da igreja e sendo eu mesmo um pastor, ouvi incontáveis sermões e apresentações, portanto, em alguns casos, não consigo lembrar a fonte exata da história.

Estou em dívida com a equipe incrível e membros maravilhosos da Lakewood Church, que compartilharam suas histórias comigo e com pessoas mundo afora, que apoiam generosamente nosso ministério e tornam possível levar esperança a um mundo carente. Sou grato por todos os que seguem nossos cultos pela televisão, pela internet, pela rádio SiriusXM e por podcasts. Vocês fazem parte da família Lakewood.

Um agradecimento especial também para todos os pastores nos EUA que são membros da Champions Network.

Mais uma vez, sou grato pela equipe maravilhosa de profissionais que me ajudou a preparar este livro. Orientando-os está a editora da FaithWords/Hachette, Daisy Hutton, junto com os membros da equipe: Patsy Jones, Billy Clark e Karin Mathis. Eu, verdadeiramente, valorizo as contribuições editoriais do artífice das palavras, Lance Wubbels.

Também sou grato às minhas agentes literárias Jan Miller Rich e Shannon Marven da Dupree Miller & Associates.

Por último, mas não menos importante, agradeço à minha esposa, Victoria, e nossos filhos, Jonathan e Alexandra, que são minha fonte de inspiração diária; além dos familiares mais próximos, que atuam como líderes diários em nosso ministério, inclusive minha mãe, Dodie; meu irmão, Paul, e esposa, Jennifer; minha irmã Lisa e marido, Kevin; e meu cunhado Don e esposa, Jackelyn.

QUEREMOS OUVIR VOCÊ!

Toda semana, fecho a nossa transmissão televisiva internacional dando ao público uma oportunidade para tornar Jesus o Senhor de suas vidas. Gostaria de estender essa mesma oportunidade a você. Você está em paz com Deus? Existe um vazio no coração de cada pessoa que só Ele pode preencher. Não estou falando sobre entrar para uma igreja, nem encontrar uma religião. Estou falando de encontrar vida, paz e felicidade. Você oraria comigo hoje? Basta dizer: "Senhor Jesus, eu me arrependo dos meus pecados. Peço que entre no meu coração. Eu O torno meu Senhor e Salvador."

Amigo, se você fez essa oração simples, acredito que "nasceu de novo". Eu o encorajo a frequentar uma boa igreja bíblica e a manter Deus em primeiro lugar na sua vida. Para ter informações gratuitas sobre como fortalecer-se em sua vida espiritual, entre em contato conosco.

Victoria e eu o amamos e estaremos orando por você. Acreditamos no melhor de Deus para você, que verá seus sonhos se realizarem. Adoraríamos que falasse conosco!

Entre em contato escrevendo para:

Joel e Victoria Osteen

PO Box #4271

Houston, TX 77210

Ou acesse www.joelosteen.com.

ÍNDICE

A

abundância 45, 53, 64, 120
adversidade 11, 60
agradar a todos, não 98, 105
agradecimento 12, 128
águias. *Consulte* pessoas - águias
ajuda 60, 76
  os outros 6, 67
  precisar de 23
alegria 11, 53, 114
alto 20
  ir mais 84, 109
  pronto para o 112, 120
amizades
  avalie as 6
atitude 2, 16, 30, 85
  de fé 115
  negativa 55
autoridade 5, 13
  maior 121

B

batalhas 16, 37, 46, 91, 106, 122
bênçãos 46, 51, 69, 72
  de Deus 34, 95

C

calmo
  controlado e equilibrado 21
  permanecer 14
caminho 28, 36, 47, 86
  errado 4, 123
coisas negativas 1, 89
conexões divinas 8, 58, 107
conflito 92, 106
  entrar em 34
controle 2, 13, 48, 54
  sua atmosfera 5, 11, 21
coragem
  para seguir seu coração 99
crescimento 58, 74
  oportunidades de 114
criatividade 5, 31
culpa, sentir 94

D

decisões 4
  boas 123
  tomar 17, 34, 76
derrota

A Regra do Dia

falar em 45, 58, 111, 124
desafio 18, 29, 110
  enfrentar 67
Deus 3
  aceitar 27
  agradecer a 12, 74
  consultar 43
  de renovação 30
  graça de 21
  levantar 125
  orar para 69
dificuldade 16, 73, 110
direção certa 50, 63, 90
distração 95, 96
  dos objetivos 92
  livre-se da 106
dúvida 8, 34
  cheio de 16

E

energia 5, 71, 88
erros 116
  cometer 25, 59, 43
esperança 2, 8
espírito 2, 103, 109, 128
  entrar em seu 20, 60
estilo de vida 64

F

fé 16, 31, 46, 51, 69, 116
  atmosfera cheia de 2
felicidade 5, 97
foco 5, 67, 72

G

generosidade
  vida de 75
graça 27, 46, 55, 73, 92, 110
grandeza, sementes da 50

H

habilidade 33
  aprendida 72
humildade 23, 33, 43

I

inimigo 16, 33, 88, 114, 123
injusta
  situação 11
injustiça 118

J

Jesus 24, 57, 88, 112, 131

L

liberdade 58, 98, 114
limites 2, 99
louvor 2
  cântico de 12, 124

M

mágoas 16
maná 28, 34
manto da autoridade, da influência,
  da graça 120, 128
mentiras 110
missão 3, 28, 87
momentos 82
  de adversidade 18
  difíceis 46, 114
  maus 118
mudança 6, 46, 64, 69, 86, 114, 128
  aberto à 30
muros 2, 13
  de pé 20, 21

N

necessidade 32, 67, 74, 117
negatividade 3, 18, 47

O

obstáculo 21, 33, 51, 116, 121
ofensa 2, 14, 89
opinião 100
  direito à 13
oportunidades 27, 58, 62, 81
  novas 112
  para fazer o bem 73
orientação 23, 105
  de cada dia 34, 35
otimista 4, 125

P

palavras 45
  de fé, esperança e vitória 5
  fruto das 48, 64
  limitado por suas 51
  negativas 59
pandemia 54, 110, 121
pão de cada dia 25, 30, 43
paz 12, 16, 24
  estar em 93
  ficar em 2
pensamentos 2, 16, 47, 103, 125
  ansiosos 2
  limitados 8
  positivos, otimistas e encorajado-
     res 17
perdão 127
pessimistas
  livre-se dos 8
pessoas
  águias 9, 17
  corvos 9

galinhas 9
perus 9
piloto automático 29
poder 5, 111
  de ficar calmo 18
portas, abrir 23, 48, 107, 43
princípio 30, 57, 71, 81, 110, 128
proativo, ser 4
problemas 9, 50, 67, 72, 94, 111
propósito 17, 112
  principal 87

R

recuperação 109, 128
  poder da 113
recursos 71, 96
Regra do Dia 17
reino 4, 14, 21
relacionamentos novos 112
resoluto em pensamento 123
ressentimento 2, 11
restauração 49, 65, 116

S

sabedoria 23, 27, 38
sacrifícios
  fazer 72, 82
segredo 51, 68, 121
seletivo, ser 3, 17
semear encorajamento 72
semente
  da generosidade 73
  da grandeza 74
  da retidão 124
  de obediência 76
  dos justos 49
sonho 7, 29, 63, 69, 95, 116
sucesso 30, 50, 84

T

tempo
  investir 71, 86
  precioso 3, 88
  reservar 25, 56

U

ungido 48

V

vencedor 21, 109
veneno 19
  livrar-se do 5
vitória 2, 14, 30, 45, 63, 110, 114

Projetos corporativos e edições personalizadas
dentro da sua estratégia de negócio. Já pensou nisso?

Coordenação de Eventos
Viviane Paiva
viviane@altabooks.com.br

Contato Comercial
vendas.corporativas@altabooks.com.br

A Alta Books tem criado experiências incríveis no meio corporativo. Com a crescente implementação da educação corporativa nas empresas, o livro entra como uma importante fonte de conhecimento. Com atendimento personalizado, conseguimos identificar as principais necessidades, e criar uma seleção de livros que podem ser utilizados de diversas maneiras, como por exemplo, para fortalecer relacionamento com suas equipes/ seus clientes. Você já utilizou o livro para alguma ação estratégica na sua empresa?

Entre em contato com nosso time para entender melhor as possibilidades de personalização e incentivo ao desenvolvimento pessoal e profissional.

PUBLIQUE SEU LIVRO

Publique seu livro com a Alta Books.
Para mais informações envie um e-mail para: autoria@altabooks.com.br

CONHEÇA OUTROS LIVROS DA **ALTA BOOKS**

Todas as imagens são meramente ilustrativas.

 /altabooks   /alta-books   /altabooks   /altabooks

Este livro foi impresso nas oficinas gráficas da Editora Vozes Ltda.,
Rua Frei Luís, 100 – Petrópolis, RJ.